Harald Kaiser

Ronaldo, Matthäus & ich
Mein Leben als *kicker*-Reporter

Harald Kaiser

RONALDO, MATTHÄUS & ICH

MEIN LEBEN ALS KICKER-REPORTER

VERLAG DIE WERKSTATT

Bibliografische Information der Deutschen Nationalbibliothek:
Die Deutsche Nationalbibliothek verzeichnet diese Publikation
in der Deutschen Nationalbibliografie; detaillierte bibliografische
Daten sind im Internet über http://dnb.d-nb.de abrufbar.

Copyright © 2019 Verlag Die Werkstatt GmbH
Lotzestraße 22a, D-37083 Göttingen
www.werkstatt-verlag.de
Alle Rechte vorbehalten
Satz und Gestaltung: Die Werkstatt Medien-Produktion GmbH
Druck und Bindung: CPI, Leck

ISBN 978-3-7307-0434-9

INHALT

VORWORT

Im Juli 2020 feiert der *kicker* seinen 100. Geburtstag. Fast 100 Jahre Fußballgeschichte hat die bedeutendste deutsche Sportzeitschrift bis heute begleitet, und weit mehr als ein Drittel dieser bewegten zehn Jahrzehnte durfte ich als Redakteur und Reporter mitgestalten.

Ich hatte das unglaubliche Glück, in einer Zeit zu arbeiten, da der internationale Profifußball die Bodenhaftung noch nicht verloren hatte, einer Zeit, in der gerade ein *kicker*-Reporter selbst den größten Stars der Weltsportart Nummer eins noch sehr nahekommen konnte. Vieles, was heute utopisch, ja absurd erscheinen mag, war vor ein, zwei, erst recht drei Jahrzehnten noch möglich.

Sie werden lesen, wie einer der erfolgreichsten Trainer aller Zeiten mir als nicht nur ihm völlig unbekannten ausländischen Journalisten am Vorabend eines Europapokalfinales ein Interview gewährte und warum nie eine Zeile dieses Gesprächs erschien, wie ich den entscheidenden Elfmeter einer dramatischen Bundesligasaison direkt am Spielfeldrand erlebte, wie ich mit einem Weltmeister und Weltfußballer des Jahres statt über Fußball über unsere Kinder und das Bauen mit Legosteinen plauderte, warum der Kapitän einer der vier deutschen Weltmeistermannschaften von einer Sekunde zur anderen nicht mehr mit mir reden wollte, warum mir ein deutscher Meistertrainer wegen eines Profis aus dem Iran das Tragen einer Brille empfahl, wie der Schütze des berühmten Phantomtores die Gelegenheit zur Wiedergutmachung verstreichen ließ und warum ich heute nicht mehr weiß, was eine Torchance ist und was nicht.

Ronaldo, Matthäus und ich: 23 spannende, teils skurrile Geschichten von Begegnungen, Interviews und Telefonaten mit Spielern, Trainern und Managern des Weltfußballs. Ein, wie ich hoffe, unterhaltsamer Streifzug durch mehr als sechs Jahrzehnte deutscher und internationaler Fußballgeschichte.

Ich danke dem Olympia-Verlag, in dem der *kicker* seit der Fusion mit dem *Sport-Magazin* 1968 erscheint, und vor allem seiner Verlagsleiterin Bärbel Schnell für ihre Unterstützung. Ich danke Spielern und Trainern aus der Bundesliga, Kollegen der verschiedensten Medien im In- und Ausland sowie *kicker*-Archivar Stephan Epple dafür, dass sie mir in persönlichen Treffen und Telefonaten halfen, meine eigenen Erinnerungen und Aufzeichnungen aufzufrischen und zu ergänzen. Und ich danke Christian Rheingruber, der als erklärter Fan der SpVgg Greuther Fürth die Texte eines Nürnbergers sorgfältig gegengelesen hat.

Nürnberg, im März 2019

MICHAEL
BALLACK

EINE ABSOLUTE
UNVERSCHÄMTHEIT

Mein Freund Kevin Dardis ist Sänger und Quizmaster – hauptberuflich. Jeden Monat veranstaltet der 1971 in Dublin geborene, seit 2002 in Nürnberg lebende Ire in Franken zwölf bis 15 bestens besuchte, höchst unterhaltsame Kneipenquizze – der Plural lautet wirklich so, sagt jedenfalls der Duden – in Nürnberg, Fürth, Erlangen, Ansbach und Würzburg.

Wenn meine Mannschaft, die sich „Fabulous Four" nennt, weil sie fünf Mitglieder hat, jeweils am dritten Sonntag eines Monats im proppenvollen Nürnberger Irish Castle auf die spannende Punktejagd geht, heißt eines von zehn Themengebieten Geschichte. Bei fünf der sechs Fragen gibt es jeweils vier Antwortmöglichkeiten (in alphabetischer Reihenfolge), bei der sechsten, offenen Frage nicht. In einem der zwölf Quizze (!) des Jahres 2018 lautete eine Frage in Geschichte so: Welcher dieser vier arabisch-israelischen Kriege war der zeitlich letzte? A. Abnutzungskrieg; B. Jom-Kippur-Krieg; C. Sechstagekrieg; D. Sinaikrieg. (Der Nachname der Hauptperson dieser Geschichte beginnt mit dem richtigen Lösungsbuchstaben.)

Kriege, Kriege, Kriege. Israel, dieses Wort stand für mich in der zweiten Hälfte des 20. Jahrhunderts für militärische Auseinandersetzungen und Gefechte, für Gewalt und Anschläge, für Bedrohung und Gefahr. Und so hat es Dienstreisen gegeben, auf die ich mich weit mehr gefreut habe als auf jene, die ich am Morgen des 14. September 2004 antrat. Mit einem seltsam flauen Gefühl im Magen fuhr ich zum Münchner Franz-Josef-Strauß-Flughafen, um den seit Beginn der Saison 2004/05 von Felix Magath trainierten FC Bayern zum Auswärtsspiel bei Maccabi Tel Aviv zu begleiten, dem ersten Champions-League-Spiel auf israelischem Boden überhaupt. Nachdem die Begegnung auf Wunsch Maccabis auch noch an einem der höchsten Feiertage, dem israelischen Neujahrstag – nach jüdischer Zeitrechnung begann am 15. September

2004 das Jahr 5765 –, ausgetragen werden sollte, sah ich sie schon lauern an jeder Straßenecke, die Männer mit den Maschinenpistolen, die sich Sicherheitskräfte nennen und doch vor allem Angst verbreiten.

Die meisten Bayern-Spieler schienen genauso zu fühlen wie ich. Ruhig und in sich gekehrt wie selten saßen sie in der Abflughalle, tippten auf ihren Mobiltelefonen herum oder telefonierten. Auch Michael Ballack machte da keine Ausnahme.

Der im September 1976 im sächsischen Görlitz geborene Ballack war 1997 vom Chemnitzer FC zum 1. FC Kaiserslautern gewechselt. 16-mal wurde der offensive, damals noch nicht ganz so torhungrige Mittelfeldspieler von Trainer Otto Rehhagel in seinem ersten Bundesligajahr eingesetzt; am Saisonende durfte er mit Andreas Brehme, Olaf Marschall, Ciriaco Sforza und Co. die vielleicht größte Sensation in der Geschichte der Bundesliga bejubeln, den Gewinn des deutschen Meistertitels für den Aufsteiger aus der Pfalz.

1999 zog es ihn nach Leverkusen, wo er in der Saison 1999/2000 durch sein unglückliches Eigentor in Unterhaching die 0:2-Niederlage einleitete, durch die Bayer am 34. und letzten Spieltag die Meisterschaft an den FC Bayern verlor. 2002 landete Ballack in München. Nicht unbedingt als strahlender Held angesichts des mit 0:2 verlorenen WM-Finales gegen Brasilien in Yokohama, das er als überragender deutscher Feldspieler des Turniers wegen einer Gelbsperre verpasst hatte („Das ist das Spiel, das ich gerne nachholen würde. Es ist einfach bitter, wenn du in einem WM-Finale nicht selbst dabei bist"). Dazu kamen die neuerliche Vizemeisterschaft mit Bayer in der Bundesliga (ein Punkt Rückstand auf Borussia Dortmund) und die beiden Endspielniederlagen in der Champions League (1:2 gegen Real Madrid) und im DFB-Pokal (2:4 gegen Schalke 04).

Den Ruf als „ewiger Zweiter" konnte er schon in seinem ersten Jahr an der Isar abstreifen; Ballack und die Bayern um Trainer Ottmar Hitzfeld gewannen das Double. Nach der titellosen Saison 2003/04 allerdings prasselte scharfe Kritik auf ihn nieder. Über die Medien stempelten die Bayern-Verantwortlichen ihn zum Sündenbock für die entgangene Meisterschaft, indem sie ihre Unzufriedenheit über seine angeblich mangelnde Fitness hinausposaunten.

Lange stand ein Wechsel zum FC Barcelona im Raum. Hitzfelds Nachfolger Felix Magath aber gelang es schon in den ersten Tagen nach seinem Amtsantritt, die Ärgernisse aus der Welt zu schaffen und den im Frühjahr noch bayernmüden Profi wieder für den Rekordmeister zu begeistern.

Nun also saß er neben seinem Kollegen Sebastian Deisler auf einer lederbezogenen Bank, wartete auf den Aufruf unseres Lufthansa-Flugs LH 693 nach Tel Aviv und gab sich noch ein wenig zugeknöpfter als sonst. „Ein bisschen mulmig" sei ihm zumute, ließ sich Deisler entlocken. Ballack sagte gar nichts.

Viereinhalb Stunden später war die Lockerheit in die Reihen der Bayern zurückgekehrt; nach einem ruhigen Flug hatten sich auch die Sicherheitskontrollen am Flughafen im 70 Kilometer von Jerusalem entfernten Tel Aviv als harmlos erwiesen. In den sonnengefluteten Stunden auf israelischem Boden blieb uns der Anblick von Gewehren und Maschinenpistolen erspart, wir trafen auf viele freundliche Menschen, die das Gespräch über Fußball suchten. Drei meiner Reporterkollegen und ich badeten noch am späten Dienstagnachmittag im Mittelmeer, nicht eine Sekunde lang kam ein Gefühl von Unsicherheit auf.

Ballack und Co. revanchierten sich am folgenden Tag im mit 20.000 Zuschauern nur halb gefüllten Stadion Ramat Gan mit einer freundlich schwachen Vorstellung und dem knappsten aller Siege; mit einem am Brasilianer Zé Roberto verursachten Foulelfmeter erzielte der Niederländer Roy Makaay in der 64. Minute das einzige Tor des Abends.

Nach dem mitternächtlichen Bankett, das fast schon staatstragende Züge annahm – Rudolf Dreßler, der deutsche Botschafter in Israel, und seine attraktive Frau Doris dinierten mit den Münchnern –, verliefen auch die zweite Nacht in Tel Aviv und der Rückflug störungsfrei.

Die Saison 2004/05 gestaltete sich auch weiterhin durchaus erfolgreich. In der Champions League drang der deutsche Rekordmeister trotz zweier 0:1-Niederlagen in den Gruppenspielen gegen Juventus Turin bis ins Viertelfinale vor, wo er mit 2:4 und 3:2 am FC Chelsea scheiterte. In der Bundesliga setzten sich die Bayern mit 14 Punkten Vorsprung vor Schalke 04 durch, mit einem 2:1-Erfolg im Pokalfinale gegen ebenjene Schalker sicherten sie sich das Double. Ballack, der eine starke Saison hinlegte und stolze 13 Treffer zum Titelgewinn beisteuerte, wurde zum dritten Mal nach 2002 und 2003 zu Deutschlands Fußballer des Jahres gekürt.

Und doch gab es bald nur noch ein Thema beim und rund um den FC Bayern: den am 30. Juni 2006 auslaufenden Vertrag der Nummer 13 und die Verhandlungen über eine Verlängerung des Kontrakts. Ein

Angebot, „mit dem wir bis an unsere Schmerzgrenze gegangen sind", so Manager Uli Hoeneß, hatte Ballacks gwiefter Berater, der promovierte Jurist und Buchautor Dr. Michael Becker *(Die Simple Minds vom Betzenberg)*, schon im Frühsommer vorliegen. Während Magath vor dem Start der Saison 2005/06 fest davon ausging, „dass Michael bleibt", wiegelte Ballack, der dank seiner Schusstechnik, Kopfballstärke, großen Laufarbeit und eines ausgeprägten Torinstinkts als torgefährlichster Mittelfeldspieler Europas der frühen 2000er Jahre gelten durfte, ab: „Es geht mir nicht in erster Linie ums Geld."

Mitte November – erneut führte der FC Bayern die Tabelle vor Werder Bremen und dem Hamburger SV an – traf sich eine Elefantenrunde mit Hoeneß, dem Vorstandsvorsitzenden Karl-Heinz Rummenigge, Becker und Ballack zu nochmaligen Verhandlungen. Als die Partei des Spielers die gewünschte Unterschrift weiterhin verweigerte, verkündete Rummenigge öffentlichkeitswirksam auf der Jahreshauptversammlung der Münchner, „dass wir unser Angebot hiermit zurückziehen". Tosender Applaus der Mitglieder. „Geldgeiler Ballack" titelten die Boulevardmedien.

Am folgenden Mittwochmorgen erwischte ich einen aufgewühlten und doch klar denkenden Ballack am Telefon. Die Vorwürfe seien „eine absolute Unverschämtheit", wetterte der Profi, dem Becker lukrative Werbeverträge mit Weltfirmen wie adidas, Samsung, Sony, McDonald's und Pepsi-Cola verschafft hatte. Ihm sei klar, „dass die Bayern auf meine Entscheidung drängen, weil sie wissen, dass andere Vereine gemäß FIFA-Regel erst ab 1. Januar mit mir sprechen dürfen", meinte er. Diesen Termin wolle er abwarten; er habe stets betont, dass ihn ein Wechsel ins Ausland „irgendwann einmal" reize, „doch die Tatsache, dass ich noch keinen Entschluss gefällt habe, spricht für und nicht gegen den FC Bayern".

Die ersten Tage und Wochen des Jahres 2006 verstrichen ereignislos. Im Wintertrainingslager der Bayern in Dubai wirkte Ballack mal gelangweilt, mal genervt von den ins Kraut schießenden Gerüchten um seine Zukunft, Interviews gab er nicht. Ein einziges Mal nur während der zehn Januartage am Persischen Golf wagte er sich aus der Deckung, als er seine Mannschaft beim Beachvolleyball gegen die Südamerikaner des FC Bayern um den überragenden Brasilianer Lúcio mit wuchtigen Angriffsschlägen zu einem lautstark bejubelten 18:18-Unentschieden schmetterte.

MICHAEL BALLACK

Geboren am 26.9.1976 in Görlitz

- 98 Länderspiele, 42 Tore
- 267 Bundesligaspiele für den 1. FC Kaisers-
  lautern, Bayer Leverkusen und Bayern München, 77 Tore
- Vereine im Ausland: FC Chelsea
- Vizeweltmeister 2002, WM-Dritter 2006
- Vizeeuropameister 2008
- Deutscher Meister 1998, 2003, 2005, 2006
- DFB-Pokalsieger 2003, 2005, 2006
- Deutschlands Fußballer des Jahres 2002, 2003, 2005
- Englischer Meister 2010
- Englischer Pokalsieger 2007, 2009, 2010

Spätestens als sich auch zu Frühjahrsbeginn keine neue Entwicklung abzeichnete, standen die Zeichen auf Abschied. In München wurden lange die Königlichen von Real Madrid, erst spät der FC Chelsea als neuer Arbeitgeber des Nationalmannschaftskapitäns gehandelt – nach dem Fiasko bei der Europameisterschaft 2004 in Portugal, als die von Rudi Völler betreute deutsche Elf wie schon 2000 in Belgien und den Niederlanden bereits nach der Vorrunde die Segel strich, hatte Ballack die Binde von Torhüter Oliver Kahn übernommen.

Im Bundesligaheimspiel gegen den Tabellenletzten 1. FC Köln am 1. April 2006 musste sich der souveräne Spitzenreiter Bayern mit einem mageren 2:2 begnügen. Obwohl der Mann mit der 13 auf dem Rücken den Ausgleichstreffer durch Makaay mit einem herrlichen 40-Meter-Pass vorbereitet hatte, entlud sich die Enttäuschung der 69.000 Zuschauer in der Allianz Arena in gellenden Pfiffen und wütenden „Ballack raus"-Sprechchören. „Es ist nicht in Ordnung, dass sich das Publikum einen einzigen Spieler herauspickt, wenn wir als Mannschaft eine schwächere Leistung bieten", tadelte Felix Magath, deutete dann jedoch erstmals den Abschied seines Stars an, als er hinzufügte, es sei „immer ein Problem, wenn ein Spieler vielleicht schon bald woanders spielt".

So geschah es dann auch. Am Dienstag, dem 4. April, setzte Ballack seine Unterschrift unter einen neuen Vertrag – nicht mit dem FC Bayern, sondern mit seinem Ausrüster adidas in Herzogenaurach. In der zweiten Wochenhälfte teilte Michael Becker offiziell mit, dass sein Schützling nach Saisonende für vier Jahre an die Stamford Bridge zum FC Chelsea wechseln werde, der seinerseits einen langfristigen, 2013 um zehn Jahre verlängerten (und 2017 vorzeitig aufgelösten) Vertrag mit adidas abschloss.

Gefeiert hatten sie Ballack nie in vier Jahren in München, nun ging's ans Eingemachte. Zunächst zielte Uli Hoeneß mit seinen Angriffen nur auf die gescheiterten Vertragsverhandlungen. „Es war immer klar", sagte mir der spürbar enttäuschte Manager am Telefon, „dass es Michael nicht darum ging, eine neue Sprache oder eine neue Kultur kennenzulernen, sondern eine neue Währung. Es ging eindeutig nur ums Geld." Doch als sein Vorstandskollege Karl-Heinz Rummenigge kurz darauf zum sportlichen Tiefschlag ausholte („Wir brauchen einen Spieler, der Führungsqualitäten hat. Da haben wir ein Vakuum"), sprang ihm Hoeneß schnell zur Seite: „Michael konnte und wollte nie eine Nummer 10 sein, das haben wir bei seiner Verpflichtung so nicht gewusst. Wir haben schon gedacht, dass er ein Spiel bestimmen kann, doch das hat er fast nie getan."

In der Woche vor dem Saisonfinale gegen Borussia Dortmund (3:3) führte ich das letzte große Interview mit Ballack als Spieler des FC Bayern. Stolze 14 Tore bei nur 26 Einsätzen hatte er in jener Saison geschossen, mit den Münchnern ihren 20. deutschen Meistertitel und durch ein 1:0 im Finale gegen Eintracht Frankfurt auch ihren 13. DFB-Pokal gewonnen.

„Ich habe mir absolut nichts vorzuwerfen", betonte er kurz vor Beginn der heißen Vorbereitungsphase auf die WM 2006. Er sei Bayern gegenüber immer korrekt und ehrlich aufgetreten, „Uli Hoeneß wurde stets von mir und meinem Berater auf dem Laufenden gehalten und über den Stand der Vertragsgespräche informiert". Mit Befremden habe er daher registriert, „dass man am Ende sogar versucht hat, die Fans gegen mich aufzuwiegeln, Karl-Heinz Rummenigge hat sich hier besonders hervorgetan. Ich habe das neue Angebot des FC Bayern nicht angenommen, dies hat wohl so manchen im Verein persönlich

gekränkt". Auch zu den Sticheleien, er habe keine Führungsqualitäten, fand er klare Worte: „Wir haben erneut das Double geholt, trotz-
dem wurde permanent kritisiert und genörgelt. Ich hatte manchmal
das Gefühl, dass die Ansprüche hier inzwischen ins Unermessliche
gewachsen sind."

Ein Finale mit Misstönen, dem rund zwei Monate später die große
Enttäuschung im Nationaltrikot folgte. In dem mit 0:2 nach Verlängerung verlorenen WM-Halbfinale gegen Italien in Dortmund am 4. Juli
platzte der große Traum vom Triumph im eigenen Land, nach dem
Schlusspfiff konnte der „Capitano" seine Tränen nicht mehr zurückhal-
ten. Der 3:1-Sieg im Spiel um Platz drei gegen Portugal vier Tage später
in Stuttgart – allenfalls ein Trostpflaster.

Als WM-Dritter also wechselte Ballack zum FC Chelsea, mit dem er
sich in vier Jahren einmal als englischer Meister, dreimal als FA-Cup-
und einmal als League-Cup-Sieger feiern lassen durfte. Auch seinem
großen Ziel, dem Gewinn der Champions League, kam er so nahe wie
nie zuvor, doch reichte es nicht zum ganz großen Coup: In der Saison
2007/08 unterlagen die Londoner im ersten rein englischen Finale in
der Geschichte des Wettbewerbs Manchester United nach einem 1:1
nach Verlängerung mit 5:6 im Elfmeterschießen. Ballack verwandelte
den ersten Strafstoß für die *Blues*, Kapitän John Terry aber traf nur den
Pfosten, und der in der Verlängerung eingewechselte Franzose Nicolas
Anelka scheiterte mit dem letzten Schuss der Partie an United-Schluss-
mann Edwin van der Sar.

Nach Platz zwei bei der Europameisterschaft 2008 in Österreich
und der Schweiz verpasste Ballack die Weltmeisterschaft 2010 in Südafrika nach einem irgendwie nach Absicht riechenden üblen Foul
von Kevin-Prince Boateng im FA-Cup-Finale gegen den FC Portsmouth
wegen einer schweren Knöchelverletzung. Was zunächst niemand für
möglich hielt, trat ein: Er kehrte nie mehr zurück in die Nationalmannschaft – seinem 98. Länderspiel im März 2010 gegen Argentinien (0:1)
in München konnte er kein 99. und damit, logisch, auch kein 100. hin-
zufügen.

Damit nicht genug, auch die lange Zeit so harmonische Beziehung
zwischen Ballack und Löw endete in einem Rosenkrieg, als der Bundestrainer gut ein Jahr nach Boatengs Foul via dürrer Pressemitteilung
die endgültige Ausmusterung des langjährigen Kapitäns verkündete.
Das Angebot eines Abschiedsspiels im Test gegen Brasilien im August

2011 in Stuttgart (3:2) lehnte Ballack ab. Nach zwei Bundesligajahren im Leverkusener Trikot – mit Bayer wurde er in der Saison 2010/11 zum dritten Mal nach 2000 und 2002 Vizemeister – beendete er am 2. Oktober 2012 seine große Karriere, fast schon unbemerkt und ohne großen internationalen Titel.

„Wenn die Leute in 30 Jahren sagen, er war ein guter Fußballer, dann ist das, glaube ich, Anerkennung genug", meint er. „Wenn der Name noch in Erinnerung bleibt, das allein ist ja schon mal was."

PS: Auch zu Ballack hat Kevin kürzlich im Irish Castle eine Frage gestellt, die offene im Gebiet Sport: Wie oft wurde Michael Ballack mit seinen Mannschaften deutscher Meister? Gut, dass Sie diese Geschichte gelesen haben.

DAVID
BECKHAM
AM ENDE DES TAGES

Die Frau an seiner Seite fand ich von Beginn an langweilig. Die Musik der Spice Girls – nichts für meine solide Rockmusik von Led Zeppelin, U2 oder den Simple Minds, aber auch Michael Holm, Christian Anders und deutschen Schlager liebenden Ohren. Und das „Posh Spice" genannte Bandmitglied Victoria Adams – auch optisch nicht mein Fall. Gespannt blickte ich dagegen der ersten Begegnung mit dem Mann entgegen, mit dem sich Miss Adams im Januar 1998 verlobt hatte: David Robert Joseph Beckham.

So viel gehört, so viel gelesen über ihn. Im WM-Qualifikationsspiel in Moldawien am 1. September 1996 hatte der 1975 im Londoner Osten geborene und 1991 zu Manchester United gewechselte Mittelfeldspieler sein Debüt im Dress der englischen Nationalmannschaft gegeben. Weil er sich nach Ansicht von Trainer Glenn Hoddle nicht professionell genug auf das Turnier vorbereitet hatte, saß Beckham bei der WM 1998 in Frankreich in den ersten beiden Vorrundenspielen zunächst auf der Bank. Erst in der dritten Partie gegen Kolumbien in Lens – nach einem müden 2:0-Sieg gegen Tunesien und einer 1:2-Niederlage gegen Rumänien mussten die Briten gewinnen, um ins Achtelfinale einzuziehen – sah ich ihn zum ersten Mal, live und in Farbe. Mit einem herrlichen Freistoß aus rund 25 Metern Entfernung zum 2:0-Endstand erzielte er in der 30. Minute sein erstes Tor für England.

Nach dem Spiel versuchte ich in der Mixed Zone, wo sich Spieler und Journalisten nach dem Abpfiff begegnen, ein kurzes Interview mit ihm unter vier Augen zu ergattern. Die britischen Kollegen, die sich wie hungrige Raubtiere auf ihn stürzten und ihn geradezu hermetisch gegen die unliebsame Konkurrenz aus dem Ausland abschirmten, ließen mir keine Chance.

Von diesem Tag an verfolgte ich Beckhams Weg noch aufmerksamer als zuvor. Ich erlebte mit, wie er im WM-Achtelfinale gegen Argentinien, das die südamerikanischen Medien im Vorfeld zur Revanche für die Niederlage im Falklandkrieg 16 Jahre zuvor hochgejazzt hatten, nach einem plumpen Revanchefoul an Diego Simeone die Rote Karte sah. England schied – wie immer, hätte ich vor der WM 2018 noch geschrieben – im Elfmeterschießen aus, und der Jungstar wurde auf der britischen Insel zum Sündenbock gestempelt.

Mein nächster Anlauf auf ein kurzes Gespräch mit ihm scheiterte bei der Europameisterschaft 2000. England strich wie die Mannschaft von Kurzzeit-Bundestrainer Erich Ribbeck schon in der Vorrunde die Segel, trotz eines 1:0-Sieges über Deutschland im belgischen Charleroi. Beckham, von Teilen der englischen Zuschauer während der Spiele beschimpft und beleidigt, bot enttäuschende Leistungen und ließ sich auf das Niveau eines Stefan Effenberg hinab, als er den Fans beim 2:3 gegen Portugal den Mittelfinger entgegenstreckte. In der Mixed Zone nach dem Spiel ... erneut keine Chance.

Mit einer starken Leistung beim sensationellen 5:1 gegen Deutschland in München – sogar Emile Heskey schoss ein Tor – und seinem Freistoßtreffer zum 2:2 im letzten Qualifikationsspiel gegen Griechenland ebnete Beckham der englischen Nationalelf den Weg zur Welt-

DAVID BECKHAM

Geboren am 2.5.1975 in London/England

⚽ 115 Länderspiele für England, 17 Tore

⚽ Spielte bei Preston North End, Manchester United, Real Madrid, LA Galaxy, AC Mailand und Paris St. Germain

⚽ Champions-League-Sieger 1999

⚽ Weltpokalsieger 1999

⚽ Englischer Meister 1996, 1997, 1999, 2000, 2001 2003

⚽ FA-Cup-Sieger 1996, 1999

⚽ Spanischer Meister 2007

⚽ Meister der Major League Soccer 2011, 2012

⚽ Französischer Meister 2013

meisterschaft 2002 in Japan und Südkorea und ging die ersten Schritte seiner wundersamen Wandlung zum Volkshelden.

Im *kicker* schrieb ich eine große Geschichte über ihn – die, zugegeben, etwas reißerische Schlagzeile: „Beckham: Freistöße und sonst nichts?". Leichtsinnigerweise schickte ich die Ausgabe mit dem Artikel – wie alles, was ich über Beckham verfasste –, an meine Verwandten in Brighton, was die an sich überaus harmonische Beziehung zwischen mir und meiner Tante Gerdi, die seit Ende der 1950er Jahre im Seebad an der englischen Südküste lebt, neben meinem Onkel Douglas aber auch den angeblich so fantastisch aussehenden David liebt, in eine kurze Krise stürzte.

Bei der WM 2002 selbst führte Beckham, nunmehr mit der Kapitänsbinde am Arm, die *Three Lions* bis ins Viertelfinale. Nach einem 1:1 zum Auftakt gegen Schweden erzielte er per Elfmeter (!) das Tor zum 1:0-Sieg gegen Argentinien. Ein 0:0 im letzten Gruppenspiel gegen Nigeria aber reichte nicht zum Gruppensieg, sodass in der Runde der letzten acht der große Titelfavorit Brasilien wartete. Die Engländer unterlagen dem späteren Weltmeister mit 1:2, wobei der Sündenbock diesmal im Tor stand: Der erfahrene David Seaman ließ kurz nach der Pause einen Ronaldinho-Freistoß aus mehr als 35 Metern Entfernung anfängerhaft ins Tor plumpsen.

Zwei Jahre später, bei der Europameisterschaft in Portugal, vergab Kapitän Beckham schon bei der 1:2-Niederlage im ersten Gruppenspiel gegen Titelverteidiger Frankreich einen Strafstoß. Nach Siegen gegen die Schweiz (3:0) und Kroatien (4:2 nach 0:1-Rückstand) versagte er im Elfmeterschießen des Viertelfinals gegen den Gastgeber in Lissabon erneut, als er den Ball vom Punkt aus nach einem mehr als seltsam anmutenden Anlauf meterhoch über das portugiesische Tor drosch. In Anlehnung an einen nach Uli Hoeneß' legendärem Fehlschuss im Belgrader Europameisterschaftsfinale 1976 gegen die Tschechoslowakei geprägten Spruch: Den Ball suchen sie noch heute. In der Mixed Zone nach dem Spiel ... ja, genau so war's auch diesmal.

Dann endlich kündigte sich die WM 2006 in unserem Land an. Der *kicker* beschloss, dass Deutschland und sechs weitere Topfavoriten während des gesamten Turniers von je einem Redakteur journalistisch betreut werden sollten. Ich wurde auf England angesetzt und begann innerlich bereits zu frohlocken: Endlich würde ich bei Tante Gerdi und den Mädels aus meiner Sportgruppe wieder einmal groß herauskommen, mit einem Autogramm Beckhams mit persönlicher Widmung, „für Mary-Anne" oder „für Steffi", oder gar mit einem Foto vom schönen David und, na ja, mir.

Am Tag, als sich der englische Tross im feudalen Schlosshotel Bühlerhöhe bei Baden-Baden breitmachte, bezog auch ich mein WM-Quartier in der gemütlichen Pension von Lucy Förderer in Ebersteinburg, einem kleinen Örtchen vor den Toren der Kurstadt. Große Freude herrschte auch beim SV Bühlertal, einem südbadischen Bezirksligisten, in dessen knapp 5.000 Zuschauer fassendem Mittelbergstadion die Briten ihre Trainingseinheiten abhielten. Anfang Mai war der Rasen des Stadions herausgefräst und Bahn für Bahn ein aus England eingeflogener Rollrasen verlegt worden; drei vom englischen Fußballverband FA bezahlte Greenkeeper aus London kümmerten sich um das Anwachsen und die Pflege des Grüns. Das Relegationsheimspiel um den Landesligaaufstieg gegen den FV Schutterwald musste der SV deshalb ins Stadion des SV Bühl verlegen und verpasste nach einer 1:2-Niederlage den Sprung nach oben.

Schon das drei Tage vor WM-Beginn angesetzte öffentliche Training sollte für vieles entschädigen. Doch statt der erhofften 5.000 erlaubte die FA nur 1.000 Zuschauer; in der Woche vor Turnierbeginn hieß es dann: Wegen angeblicher Sicherheitsbedenken werden nur 250 Kiebitze zugelassen. Bei den 750 kurzfristig wieder ausgeladenen Zuschauern, überwiegend Schülern, flossen Tränen.

Auch die Hoffnungen der Bühlertaler, sich vom Training der Engländer unter Sven-Göran Eriksson einiges abschauen zu können, platzten schnell: Sämtliche weiteren Übungseinheiten von Beckham und Co. liefen unter Ausschluss der Öffentlichkeit ab. Jeden Morgen kurz vor zehn Uhr fuhr der Mannschaftsbus, begleitet von einer Polizeieskorte, ins Stadion ein. Hinter den abgedunkelten Scheiben ließen sich die Spieler nicht einmal erahnen, geschweige denn sprechen oder für ein Foto ablichten.

Wo normale Zuschauer vollends ausgesperrt blieben, durften wir akkreditierte Journalisten die ereignislosen ersten 15 Aufwärmminuten jeder Einheit verfolgen, ehe wir von beeindruckend humorlosen Mitarbeitern eines privaten Sicherheitsdienstes einigermaßen höflich, aber sehr bestimmt aufgefordert wurden, uns hinter die eigens errichteten zwei Meter hohen Sichtwände zu verziehen. Alle Versuche einer Kontaktaufnahme mit den Spielern wurden rigoros unterbunden.

Tränen in den Augen: David Beckham nach der
Viertelfinalniederlage gegen Portugal bei der WM 2006.

Immerhin, dreimal sprach Beckham bei offiziellen Pressekonferenzen. Mir fiel auf, dass er in so gut wie jeden seiner Sätze die sechs Worte „At the end of the day" einflocht, „am Ende des Tages" – eine Floskel, die Bayerns Vorstandsvorsitzender Karl-Heinz Rummenigge kurz darauf durch steten Gebrauch auch im deutschen Fußball salonfähig machte. Also, am Ende des Tages werde sich zeigen, ob die englische Mannschaft stark genug sei, ihren ersten großen Titel seit 1966 zu erringen, am Ende des Tages werde sich herausstellen, ob Wayne Rooney seinen Mittelfußbruch rechtzeitig und vollständig auskuriert habe, am Ende des Tages werde man sehen, ob die *Three Lions* endlich einmal als Sieger aus einem wichtigen Elfmeterschießen hervorgehen könnten.

Melden durften sich jeweils 20 Minuten lang nur die englischen Journalisten; erst am Ende des Tages gestattete Press Officer Adrian Bevington großzügig zwei „ausländische" Fragen. Ich ging jedes Mal leer aus, genau wie bei meinen Versuchen, mit drei befreundeten Reportern anderer deutscher Zeitungen einen gemeinsamen Interviewtermin mit Eriksson, Beckham oder Rooney zu bekommen. „Es gibt keine Einzelinterviews, stellen Sie Ihre Fragen auf den Pressekonferenzen", antwortete mir Bevington schriftlich auf meine eindringliche Mail. Toller Tipp, danke!

Und so erfuhr ich in diesen heißen Juniwochen des Jahres 2006 so gut wie nichts Neues über Beckham und Co., dafür wusste ich am Ende des Tages alles über die WAGs. Die „Wives and Girlfriends" der englischen Nationalspieler hatten im noblen Brenners Park Hotel in Baden-Baden Quartier bezogen. Hannah, stets gut informierte Reporterin einer dieser berüchtigten britischen Sonntagszeitungen, die wie knapp 20 (!) ihrer KollegInnen die WAGs auf Schritt und Tritt verfolgte, erzählte mir, dass die Damen nach dem glorreichen 1:0-Auftaktsieg der *Three Lions* gegen Paraguay in einer Baden-Badener Bar sieben Flaschen Champagner, 23 Wodka-Lemon, zwölf Flaschen Bier, vier Sambuca und eine Bacardi-Cola hinuntergespült hatten – zu sechst. Dass eine Viererbande von WAGs bei einem 20-minütigen Streifzug durch die Boutiquen der Stadt für Schuhe und Kleider 7.500 Euro unter die Leute gebracht hatte und dass die „Queen WAG" genannte Victoria Beckham zusammen mit ihrer guten Freundin Cheryl Tweedy, der Verlobten von Linksverteidiger Ashley Cole, täglich Noten für die Aufmachung der anderen Spielerfrauen verteilte.

Nach einem weiteren mühevollen 2:0-Sieg gegen Trinidad und Tobago in Nürnberg und einem 2:2 gegen Schweden in Köln gewann England im Achtelfinale in Stuttgart durch ein Freistoßtor Beckhams mit 1:0 gegen Ecuador. Es folgte das bittere Ende der Tage in Deutschland: Durch eine 1:3-Niederlage im Elfmeterschießen gegen Portugal in Gelsenkirchen – Beckham wurde im letzten WM-Spiel seiner Karriere in der 52. Minute verletzt ausgewechselt und verließ weinend den Platz – schieden die *Three Lions* im Viertelfinale aus. Schon am Tag darauf brachen sie ihre Zelte im Badischen ab und flüchteten auf ihre Insel.

In vier WM-Wochen hatte es keinerlei Kontakt gegeben zwischen den Einheimischen und den Stars aus England, keine Autogramme, keine Fotos und auch keine Interviews für Journalisten. Ob nun bei David Beckham und den Engländern, bei den Menschen im Bühlertal oder bei mir: Am Ende des Tages blieb nur Enttäuschung.

SLAVEN BILIĆ

DIE SCHAUSPIELEINLAGE

Welches ist der größte Tag unserer Geschichte? Vereine wie der FC Bayern tun sich schwer mit der Beantwortung dieser Frage – zu viele Erfolge auf nationaler und internationaler Ebene haben die Münchner angehäuft, zu viele Titel eingeheimst, gewannen sie doch neben 28 deutschen Meisterschaften allein fünfmal den Europapokal der Landesmeister bzw. die Champions League, einmal den Cup der Pokalsieger und einmal den UEFA-Pokal. Von den 18 DFB-Pokalsiegen gar nicht zu reden.

Einfacher hat es da schon ein Klub wie, sagen wir, der VfR Mannheim, der 1949 durch einen 3:2-Sieg nach Verlängerung gegen Borussia Dortmund in der „Hitzeschlacht von Stuttgart" sensationell und zum einzigen Mal deutscher Meister wurde, oder, weil wir schon im Badischen sind, der Karlsruher SC.

Gut, der Vorläufer des KSC, der am 6. Juni 1894 aus der Taufe gehobene Karlsruher FC Phönix, durfte 1909 nach einem 4:2-Sieg gegen den Berliner TuFC Viktoria 89 auch einmal die deutsche Meisterschaft feiern. Den größten Tag seit der Fusion mit dem VfB Mühlburg im Jahr 1952 erlebte der Verein aus dem Südwesten unseres Landes jedoch zweifellos am 2. November 1993, als er in der zweiten Runde des UEFA-Pokals 1993/94, bei seiner ersten Teilnahme an einem europäischen Wettbewerb überhaupt, das „Wunder vom Wildpark" schaffte. Mit einem 7:0-Sieg über den hochfavorisierten spanischen Tabellenführer FC Valencia zogen die Badener nach einer 1:3-Hinspielniederlage in die dritte Runde ein und drangen schließlich durch weitere Erfolge gegen Girondins Bordeaux (0:1 und 3:0) und Boavista Porto (1:1 und 1:0) bis ins Halbfinale vor, wo sie nach zwei Unentschieden (0:0 und 1:1) unglücklich aufgrund der Auswärtstorregel an Austria Salzburg scheiterten.

Natürlich wird dieses 7:0 für immer mit dem Namen Edgar Schmitt verbunden bleiben, dem wilden Mittelstürmer, der am größten Tag seiner Karriere allein vier der sieben Tore erzielte. Doch es war auch ein ganz großer Tag für einen kroatischen Abwehrspieler: Neben Schmitt, Rainer Schütterle und Waleri Schmarow traf auch Slaven Bilić; kurz vor dem Schlusspfiff stellte er nach einer Ecke Manfred Benders per Kopf den Endstand her.

Vor Beginn jener Saison war Bilić, knapp 25-jährig, von Hajduk Split, dem Spitzenverein seiner Heimatstadt an der kroatischen Adriaküste, in den Wildpark gewechselt. Dank seiner Zweikampf- und Kopfballstärke erkämpfte er sich schnell einen Stammplatz in der Innenverteidigung, sein Wort hatte Gewicht bei den Kollegen und bei Trainer Winfried Schäfer. In den Mannschaftsbesprechungen in der Kabine ergriff er, obschon nicht fließend Deutsch sprechend, immer wieder das Wort. Auch in der Woche vor einem Spiel holte ihn Schäfer nach einer Übungseinheit schon mal zu sich in die Kabine, um mit ihm und zwei, drei weiteren Profis die taktische Marschroute für die kommende Begegnung festzulegen. „Ein Mann und ein Esel wissen zusammen mehr als ein Mann allein", sagt ein kroatisches Sprichwort.

Auch für mich zählte Bilić zu den Lieblingsgesprächspartnern im VIP-Raum nach den Heimspielen – neben dem früheren DDR-Nationalspieler Burkhard Reich, damals Innenverteidiger und heute Teammanager der Badener, mit dem mich seither eine echte Freundschaft verbindet, und dessen Gattin Kerstin, meiner klaren Nummer eins unter Deutschlands Spielerfrauen.

Schon damals blickte Bilić weit über den Tellerrand hinaus und konnte das, was sich in den 90 Minuten zuvor auf dem Rasen abgespielt hatte, analytisch und logisch erklären. Nach zweieinhalb Jahren in Karlsruhe zog er in der Winterpause der Saison 1995/96 weiter nach England, wo er für West Ham und den FC Everton spielte. Ich verlor ihn eine Zeit lang aus den Augen – bis zur Weltmeisterschaft 1998 in Frankreich.

Die von Miroslav Blažević trainierte kroatische Nationalmannschaft hatte sich erst in allerletzter Minute durch einen 3:1-Sieg in Slowenien als Gruppenzweiter hinter Dänemark für die WM qualifiziert, hauchdünn vor Griechenland. In Frankreich selbst aber trumpfte die Elf um die Stars Zvonimir Boban, Robert Prosinečki und Davor Šuker sensationell auf, die Abwehr um Innenverteidiger Bilić stand wie ein Fels in wilder Brandung. Die Kroaten besiegten Jamaika mit 3:1 und Japan mit 1:0 und zogen so trotz einer 0:1-Niederlage gegen Argentinien ins

Achtelfinale ein. Dort schalteten sie Rumänien durch einen Elfmeter des späteren WM-Torschützenkönigs Šuker mit 1:0 aus und ließen sich in der Runde der letzten acht auch von der deutschen Nationalmannschaft nicht stoppen: Mit einem klaren, durch einen frühen Platzverweis für den Leverkusener Christian Wörns begünstigten 3:0 nahmen die Kroaten erfolgreich Revanche für die 1:2-Viertelfinalniederlage bei der Europameisterschaft 1996 in England.

Im ersten WM-Halbfinale ihrer jungen Geschichte trafen Bilić und Co. am Mittwochabend des 8. Juli auf die Elf des Ausrichters. Šuker brachte Kroatien unmittelbar nach der Pause in Führung. Durch die beiden einzigen Länderspieltore (bei 142 Einsätzen!) von Abwehrspieler Lilian Thuram drehte Frankreich das Spiel. Eine Viertelstunde vor dem Abpfiff spielte sich im Pariser Stade de France dann die Szene ab, die Bilić bis heute verfolgt: Nach einem von Zinédine Zidane getretenen Freistoß und einem unübersichtlichen Gerangel im kroatischen Strafraum sah Laurent Blanc, dem im Achtelfinale gegen Paraguay das erste Golden Goal der WM-Geschichte gelungen war, wegen einer Tätlichkeit gegen Bilić die Rote Karte. Das Endspiel gegen Brasilien musste somit ohne den französischen Abwehrchef über die Bühne gehen.

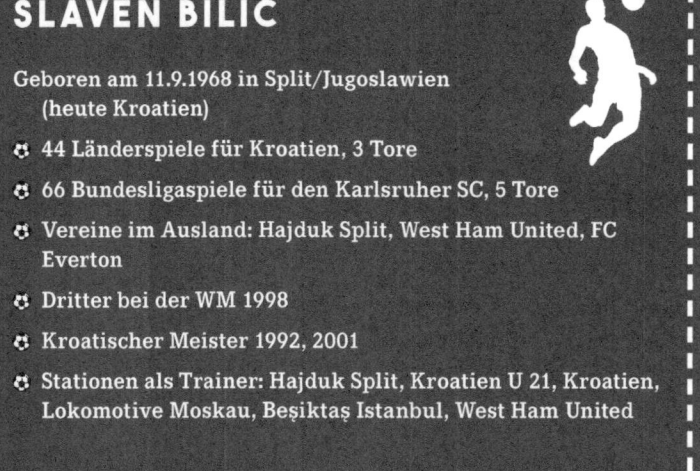

SLAVEN BILIĆ

Geboren am 11.9.1968 in Split/Jugoslawien (heute Kroatien)

- 44 Länderspiele für Kroatien, 3 Tore
- 66 Bundesligaspiele für den Karlsruher SC, 5 Tore
- Vereine im Ausland: Hajduk Split, West Ham United, FC Everton
- Dritter bei der WM 1998
- Kroatischer Meister 1992, 2001
- Stationen als Trainer: Hajduk Split, Kroatien U 21, Kroatien, Lokomotive Moskau, Beşiktaş Istanbul, West Ham United

Von der Tribüne aus hatten wir, die deutschen Kollegen um mich herum und ich selbst, den Eindruck, dass Bilić so gut wie nicht getroffen worden war, sondern eine gekonnte Schauspieleinlage geliefert hatte. „Theatralisch" habe der Kroate den Platzverweis „auf unsportliche Art provoziert", gab ich denn auch per Telefon in die Nürnberger Redaktion durch.

Nach dem Abpfiff wartete ich in der Mixed Zone auf die kroatischen Profis, vor allem auf Zvonimir Soldo, den ich als Profi des VfB Stuttgart kennen- und schätzen gelernt hatte, und natürlich auf Bilić. Der schlurfte als einer der Letzten aus der Kabine, gab zunächst einige Interviews für die Kollegen der internationalen Fernsehanstalten, schritt dann weiter zur schreibenden Zunft, erspähte mich schon aus 20 Metern Entfernung und steuerte direkt auf mich zu. „Hey Harald, wie geht's?", fragte er trotz der Niederlage mit einem leisen Lächeln auf den Lippen und klatschte mich freundschaftlich ab. Es sei „ärgerlich, dass uns ein Moment der Unachtsamkeit postwendend die Führung gekostet hat", erklärte er dann, „aber wir können erhobenen Hauptes nach Hause fahren", ein Platz unter den ersten vier, das sei „viel mehr, als wir vor dem Turnier erwarten durften".

Auch zur Szene, die zum Platzverweis führte, äußerte er sich. „Blanc hat mich geschlagen", sagte er. Sicher sei es keine Gerade à la Mike Tyson gewesen, „doch ich wurde getroffen". Es tue ihm leid, dass der Franzose das Finale nun verpassen werde, „doch daran ist er selbst schuld". (Was Blanc heute mit gut 20 Jahren Abstand im Übrigen genauso sieht.)

Schon während der Unterhaltung mit Bilić beschlich mich ein ungutes Gefühl angesichts der Worte, die ich eine halbe Stunde zuvor nach Deutschland durchtelefoniert hatte. Als ich dann auf einem Bildschirm in den Katakomben von Saint-Denis in einer Wiederholung auch noch sah, dass Blanc tatsächlich unvermittelt zu einer Schlagbewegung ausgeholt hatte und seine offene linke Hand irgendwo zwischen Unterkiefer und Hals seines kroatischen Kontrahenten gelandet war, versuchte ich mein harsches Urteil noch für unsere Donnerstagsausgabe abzumildern – zu spät: Aufgrund der späten Anstoßzeit (21 Uhr) hatte der kicker bereits unmittelbar nach dem Abpfiff gedruckt werden müssen.

Bis zu unserer nächsten Begegnung vergingen fast zehn Jahre. Erst vor der Europameisterschaft 2008 in Österreich und der Schweiz traf ich Bilić wieder – als Trainer der kroatischen Nationalmannschaft, die ich bei der EM journalistisch begleiten sollte. Mit einem leisen Grummeln im Bauch flog ich Ende Mai zum letzten Testspiel der *Vatreni*, der „Feurigen", in Budapest gegen Ungarn. Viel Zeit war vergangen seit dem WM-Halbfinale von 1998, seit meiner Fehleinschätzung im Donnerstags-*kicker* – hatte er unsere Zeitschrift damals in die Hände bekommen? Hatte ich ihn ernsthaft verärgert?

„Hey Harald, was machst du denn hier?" Auf dem Weg zur Pressekonferenz nach dem Spiel, das 1:1 geendet hatte, spürte ich eine Hand auf meiner Schulter; als ich mich umdrehte, blickte ich in das freundliche, lachende Gesicht von Slaven Bilić. Nach dem offiziellen Teil unterhielten wir uns noch ein paar Minuten lang, dann schrieb er mir seine Mobilnummer auf meinen Block, „kannst mich jederzeit anrufen".

Was ich mir nicht zweimal sagen ließ, mehrmals telefonierten wir während der Europameisterschaft. Vor dem Gruppenspiel gegen Deutschland, das die Kroaten in Klagenfurt überraschend mit 2:1 gewannen – sie schieden erst im Viertelfinale gegen die Türkei auf überaus unglückliche Weise nach Elfmeterschießen aus –, führte ich ein längeres Interview mit ihm. Bilić sprach von der Bedeutung des Teamgeists („Heute das Wichtigste überhaupt. Wenn du mit Freunden in ein Restaurant gehst, dann ist auch erst einmal die Stimmung unter euch wichtig, dann erst kommt das Essen. Bei uns wären die Spieler am liebsten sieben Tage die Woche 24 Stunden lang zusammen"), und er redete vom damals 22-jährigen Luka Modrić. „Luka ist unglaublich gut", sagte er, „und er ist noch unglaublich jung. Er wird immer besser werden, im Verlauf dieses Turniers und im Lauf seiner Karriere."

Nicht erst die überragenden Auftritte des Luka Modrić bei der Weltmeisterschaft in Russland und seine Wahl zum Weltfußballer des Jahres 2018 haben bewiesen: Bilić kennt sich aus im Fußball. Auch wenn er – zu meinem Glück – offensichtlich nicht jeden Donnerstag den *kicker* gelesen hat.

ANDREAS
BREHME
DER RECHTE UND DER LINKE FUSS

„Es war die Nachtigall und nicht die Lerche." Viel mehr als diese berühmten acht Worte ist mir nicht in Erinnerung geblieben von William Shakespeares Drama *Romeo und Julia*, das ich einst während meines Englischstudiums mit Begeisterung gelesen habe. Gut, dass sich die fünf Akte der Liebestragödie in Verona abspielen, wusste ich natürlich auch noch, als ich mich 1985 erstmals näher mit der Großstadt in der italienischen Region Veneto befasste.

Eine Julia war dabei nicht im Spiel; Verona-Liebhaberin Rike, verführerische Leiterin des Kindergartens direkt neben meiner Wohnanlage, kannte ich damals noch nicht. Nein, verantwortlich für mein plötzlich erwachtes Interesse zeichnete ein Mann – ein deutscher Nationalspieler namens Hans-Peter Briegel. Der bullige Mittelfeldspieler, die „Walz von der Pfalz", hatte nach seinem Wechsel vom 1. FC Kaiserslautern nach Italien 1984 gleich in seiner ersten Saison jenseits der Alpen das Kunststück geschafft, die großen Klubs wie Juventus Turin, AC und Inter Mailand hinter sich zu lassen und mit dem krassen Außenseiter Hellas Verona den *Scudetto*, die italienische Meisterschaft, zu gewinnen, zum ersten und bis heute einzigen Mal. Im selben Jahr wurde Briegel als erster im Ausland spielender Profi zu Deutschlands Fußballer des Jahres gewählt.

Briegel und Hellas trugen ihre Heimspiele im 1963 eröffneten Stadio Marcantonio Bentegodi im Südosten Veronas aus. Ich lernte die nur einen Steinwurf vom Hauptbahnhof entfernte Arena bei der Weltmeisterschaft 1990 kennen; im Vorrundenspiel der Gruppe E gegen Belgien, den Halbfinalisten der WM 1986 in Mexiko, verfolgte ich mit 36.000 anderen Zuschauern, wie sich Spanien durch einen 2:1-Erfolg den Gruppensieg sicherte.

Ich nahm mir vor, den weiteren Weg der Mannschaft um Torhüterlegende Andoni Zubizarreta, den genialen Mittelfeldspieler Michel und den „Geier" genannten Torjäger Emilio Butragueño genau zu beobachten, und so entschloss ich mich, am 26. Juni 1990 zusammen mit *kicker*-Chefredakteur Rainer Holzschuh von unserem Quartier im lombardischen Alzate Brianza aus zum Achtelfinale Spanien gegen Jugoslawien zu fahren, dem letzten der vier WM-Spiele in Verona.

„Wir nehmen noch jemanden mit", sagte mir Holzschuh kurz vor unserer Abfahrt. „Bitte setz du dich nach hinten."

Na klar. Ich wartete etwa drei Minuten auf dem Rücksitz unseres Dienstwagens, als sich die Beifahrertür öffnete und ein etwa 50-jähriger Mann einstieg. „Hallo", sagte er und schüttelte mir die Hand, „ich bin Bernd Brehme, der Vater von Andy."

Zwei Stunden im Auto mit dem Mann, der seinen Sohn zum, wie John Jackson vom Londoner *Daily Mirror* in jenen Tagen schrieb, „spielerisch besten Fußballer der Welt" geformt hatte – eine verlockende Aussicht. Und wirklich ließ mich diese Fahrt nach Verona zum ersten Mal großzügig über Holzschuhs gefürchteten Fahrstil hinwegsehen. Kurzweilig und amüsant erzählte Bernd Brehme, selbst Jugendtrainer beim HSV Barmbek-Uhlenhorst, einem für seine hervorragende Nachwuchsarbeit bekannten Verein aus dem Hamburger Stadtteil Barmbek-Nord, von den ersten fußballerischen Gehversuchen des kleinen Andy.

„Von frühester Kindheit an wollte er immer nur mit dem Ball spielen", berichtete der Vater. Einmal habe Andy selbst die neue Eisenbahn, ein Weihnachtsgeschenk des Großvaters, unbeachtet unter dem Tannenbaum liegen lassen, weil er sich sofort auf ein anderes Paket gestürzt habe – ein rundes. Der Opa soll nicht gerade gejubelt haben.

„In jeder freien Minute haben wir geübt", so Bernd Brehme weiter. Stundenlang habe er bereits seinem dreijährigen Sohn den Ball zugeworfen, der sofort zurückpasste – abwechselnd mit dem rechten und dem linken Fuß, „heute schießt er mit beiden Füßen fast gleich gut".

Moment mal – fast? „Ja", antwortete Bernd Brehme. „Mit dem linken etwas härter, mit dem rechten etwas genauer."

Im Stadio Marcantonio Bentegodi konnte ich mich nur schwer auf das Spiel konzentrieren, das Jugoslawien durch zwei Tore von Mittelfeldspieler Dragan Stojković bei einem Gegentreffer durch Julio Salinas mit 2:1 nach Verlängerung gewann. Immer wieder überlegte ich, mit welchem Fuß Brehme im Elfmeterschießen des WM-Viertelfinals gegen Mexiko 1986 getroffen hatte (mit links, wie ich noch am selben

Abend nachlas), und ich fragte mich, warum mir der von seinem Vater erwähnte feine Unterschied bis dahin nie aufgefallen war.

Dabei hatte ich ihn oft genug beobachtet seit seinem Wechsel vom 1. FC Kaiserslautern zum von mir journalistisch betreuten FC Bayern im Sommer 1986. In München hatte der im November 1960 geborene gelernte Kfz-Mechaniker so etwas wie einen Kaltstart hingelegt: Der Zwei-Millionen-Mark-Einkauf – bis dahin der teuerste Transfer eines deutschen Profis innerhalb der Bundesliga – fand, obschon gestandener Nationalspieler und frischgebackener Vizeweltmeister von Mexiko, zunächst nicht in die Spur.

„So schlecht, wie ich in der Hinrunde war, kann man fast nicht spielen", bekannte er in beeindruckender Offenheit im Wintertrainingslager der Bayern Anfang Februar 1987 im Königreich Bahrain, wo wir uns an einem Glastisch im Schatten des Sheraton-Hotels der Hauptstadt Manama bei einer Flasche Mineralwasser und einem Espresso zum ersten Mal ausführlich und in Ruhe unterhielten. „Ich kann schießen und mach's zu wenig", sagte er. „Ich kann gute Pässe schlagen und mach's zu wenig. Und ich spiele jeden Ball im falschen Moment ab. Alles, was ich in Kaiserslautern richtig gemacht habe, mache ich hier falsch. Aber ich weiß, was ich kann. Deshalb habe ich keine Angst – ich schaffe es, auch bei Bayern."

Keine leeren Worte, Brehme steigerte sich enorm. Anders als so viele teure und prominente Einkäufe vor und nach ihm lernte er, mit dem Druck der hochfliegenden Erwartungen umzugehen und auch im Trikot des FC Bayern mit starken Leistungen aufzuwarten. Mit ihm als unumstrittenem Stammspieler verloren die Münchner, zur Halbzeit Tabellenzweiter hinter dem Hamburger SV, in der Rückrunde kein einziges Spiel mehr und schlossen die Saison mit sechs Zählern Vorsprung vor dem HSV zum dritten Mal in Folge als deutscher Meister ab.

Nach der Saison 1987/88 aber, in der es für die Bayern „nur" zu Platz zwei hinter Werder Bremen reichte, zog es ihn, von der Vereinsführung mitverantwortlich gemacht für den entgangenen Meistertitel, weiter: Brehme wechselte im Paket mit seinem Vereins- und Nationalmannschaftskollegen Lothar Matthäus zum italienischen Spitzenklub Inter Mailand, mit dem die beiden 1989 prompt den *Scudetto* gewannen.

Es waren also so etwas wie Heimspiele für den damals 29-Jährigen, als er mit der deutschen Nationalelf die Weltmeisterschaft 1990 bestritt. Im Mailänder Giuseppe-Meazza-Stadion überzeugte Linksver-

ANDREAS BREHME

Geboren am 9.11.1960 in Hamburg

- 86 Länderspiele, 8 Tore
- 301 Bundesligaspiele für den
  1. FC Kaiserslautern und Bayern München, 50 Tore
- Vereine im Ausland: Inter Mailand, Real Saragossa
- Weltmeister 1990, Vizeweltmeister 1986
- Vizeeuropameister 1992
- UEFA-Pokalsieger 1991
- Deutscher Meister 1987, 1998
- DFB-Pokalsieger 1996
- Italienischer Meister 1989
- Stationen als Trainer: 1. FC Kaiserslautern, SpVgg
  Unterhaching, VfB Stuttgart (Co-Trainer)

teidiger Brehme beim 4:1 zum Auftakt gegen Jugoslawien und beim 5:1 gegen die Vereinigten Arabischen Emirate, er pausierte beim 1:1 im bedeutungslosen letzten Gruppenspiel gegen Kolumbien, er überragte zusammen mit Jürgen Klinsmann als Torschütze beim 2:1 im Achtelfinale gegen die Niederlande, und er bot eine solide Leistung beim 1:0 im Viertelfinale gegen die Tschechoslowakei. Im Halbfinale gegen England in Turin brachte er die Elf von Teamchef Franz Beckenbauer in der 60. Minute durch einen abgefälschten Freistoß in Führung; im nach dem Ausgleichstreffer durch Gary Lineker fälligen Elfmeterschießen verwandelte er den ersten deutschen Strafstoß, Deutschland siegte 4:3.

Am 8. Juli 1990 stieg es dann, das Endspiel gegen Argentinien, die Revanche für das mit 2:3 verlorene WM-Finale von Mexiko vier Jahre zuvor. Mit Zähnen und Klauen, oder, wie Brehme es ausdrückt, „mit Treten und Mauern" verteidigten die durch eine Gelbsperre für ihren torgefährlichsten Angreifer Claudio Caniggia schon vor dem Anpfiff geschwächten und durch einen Platzverweis für Pedro Monzón ab der 65. Minute auch dezimierten Südamerikaner das 0:0 bis zur 85. Minute. Keine einzige ihrer Torchancen hatte die deutsche Mannschaft nutzen können, nach einem klaren Foul von Torhüter Sergio Goycochea an Klaus Augenthaler war der fällige Elfmeterpfiff des mexikanischen Schiedsrichters Edgardo Codesal Méndez ausgeblieben.

Dann, fünf Minuten vor Ende der regulären Spielzeit, sank Rudi Völler, hart bedrängt von Argentiniens Abwehrspieler Roberto Néstor Sensini, im Strafraum zu Boden – Elfmeter. „Die Diskussion, ob der berechtigt war oder nicht, müssen wir nicht führen", hat Brehme seither sicher 100-mal erklärt. „Gepfiffen ist gepfiffen."

Zum ersten Mal konnte das Endspiel einer Weltmeisterschaft durch einen Strafstoß entschieden werden. Nur, wer sollte antreten gegen Goycochea, der sich nicht erst im Viertelfinale gegen Jugoslawien und im Halbfinale gegen Gastgeber Italien, als er jeweils zwei Schüsse vom Punkt abwehrte, den Ruf eines gefürchteten Elfmetertöters erworben hatte?

Drei mögliche deutsche Schützen standen auf dem Feld. Die Nummer eins, Kapitän Lothar Matthäus, hatte in der Halbzeitpause den rechten Schuh gewechselt, weil die Sohle gebrochen war; er fühlte sich nicht sicher genug in den neuen Stiefeln. Die Nummer zwei, Rudi Völler, war gefoult worden, na gut, sagen wir, er hatte den Elfmeter herausgeholt. „Also musste ich ran", sagt Brehme, die Nummer drei.

Volle eineinhalb Minuten (Brehme: „Mir kam das noch viel länger vor") musste er sich nach dem Pfiff gedulden, bis er sich den Ball schnappen und zur Ausführung schreiten konnte. Nicht ganz zu Unrecht haderten die Argentinier mit Méndez' Entscheidung, eine gefühlte Ewigkeit lang redeten sie auf den Schiedsrichter ein, immer wieder schlugen sie die Kugel weg. „Wenn du den reinmachst, sind wir Weltmeister", sagte Völler noch zu ihm. „Danke", entgegnete Brehme. „Das weiß ich auch."

Auf der Tribüne des Olympiastadions zu Rom hielten wir den Atem an. Gleich würde Brehme anlaufen, und weltweit schauten zwei Milliarden Menschen auf ihn. Mit welchem Fuß würde er schießen? Ich erinnerte mich an die Worte seines Vaters auf unserer Fahrt nach Verona: „Mit links schießt der Andy etwas härter, mit rechts etwas genauer."

Dann schoss der Andy. Mit rechts. Goycochea tauchte in die richtige, die aus seiner Sicht rechte Ecke, doch Brehme („Wenn einer den Torwart ausgucken kann, dann ist das auch gut. Aber ich habe mir die Ecke schon ausgesucht, als ich mir den Ball zurechtgelegt habe") hatte perfekt gezielt. Zentimeter neben dem Pfosten zischte der Ball an der ausgestreckten rechten Hand des Schlussmannes vorbei ins Netz. 1:0.

„Mit dem rechten etwas genauer": Andreas Brehme
verwandelt den entscheidenden Elfmeter im WM-Finale
1990 gegen Argentinien.

Rund 300 Sekunden später war der große Traum vom dritten WM-
Titel Wirklichkeit. In der ewigen Stadt Rom nahm eine lange, feuchte
Nacht ihren Lauf.

Acht Monate nach dem deutschen Triumph, im März 1991, fuhr ich
nach Mailand und besuchte Brehme im Inter-Trainingslager in der kleinen lombardischen Gemeinde Travedona am Lago di Monate. Abends,
bei einigen Gläsern Rotwein in seiner Lieblingstrattoria, sprachen wir
noch einmal über das Finale, über den alles entscheidenden Elfmeter.

Sein Leben habe sich nicht verändert seit dem geschichtsträchtigen
Schuss, meinte er. Der Strafstoß sei „ein Geschenk" für ihn gewesen,
„weil er reingegangen ist, sonst hätte ich vielleicht ein Leben lang als
Depp dagestanden". So werde sein Name nun stets in einem Atemzug
mit Helmut Rahn und Gerd Müller genannt, den Siegtorschützen der

Endspiele 1954 und 1974. Ein paar neue Werbeverträge habe er auch abgeschlossen, „aber ich bin genau der Gleiche geblieben".

Was aus den Fußballschuhen geworden sei, die er im Finale getragen hatte, fragte ich ihn. „Die liegen zurzeit noch bei adidas rum", antwortete Brehme. „Einen bekomme ich demnächst wieder, den stell ich dann bei mir zu Hause auf."

Und wirklich, ein paar Wochen später erhielt der Weltmeister ein Paket aus Herzogenaurach. Inhalt: ein vergoldeter Fußballschuh. Sein rechter.

HORST
ECKEL
DAS WUNDER VON VOGELBACH

Am 4. Juli 1954 gewann die deutsche Nationalmannschaft ihren ersten WM-Titel. Das Wunder von Bern, Sie wissen schon. Ich habe das Finale gegen die Ungarn übrigens nicht live gesehen. Auch wenn der Spiegel in meinem Bad mittlerweile jeden Morgen etwas anderes zu sagen scheint: Ich war noch nicht mal geboren damals. Weil auch die Aufzeichnungstechnik auf Magnetbändern vor 65 Jahren noch nicht entwickelt war, gibt es weder Bild- noch Tondokumente von der Fernsehübertragung des Endspiels. Die Bilder, die wir alle kennen, sind Ausschnitte aus einem von Generalkonsul Hans Schubert produzierten Film, unter den der Ton der legendären Radioreportage von Herbert Zimmermann („aus dem Hintergrund müsste Rahn schießen") gelegt wurde.

Dazu können wir uns auf Filmschnipsel stützen, die der im sächsischen Annaberg-Buchholz wohnende Sammler Johann-Günter Schlüper in Archiven und Kellern auf der ganzen Welt aufgespürt und zusammengetragen hat. „35 Spielminuten habe ich heute", sagt der 68-Jährige. Seinen großen Traum, die kompletten 90 Minuten aufzutreiben, hat er noch nicht aufgegeben. „Dieses Ziel", betont er, „bleibt nach wie vor." Und natürlich leben wir von den Erzählungen und Erinnerungen von Augenzeugen wie des letzten heute noch unter uns weilenden Spielers aus der Berner Siegerelf, Horst Eckel, der wie die Brüder Fritz und Ottmar Walter und die beiden Abwehrrecken Werner Kohlmeyer und Werner Liebrich damals beim 1. FC Kaiserslautern spielte.

Nur, sind diese Berichte auch verlässlich? Hat sich alles wirklich genauso ereignet? Oder ist es vielleicht so, wie der Nürnberger Oberbürgermeister Dr. Ulrich Maly, Jahrgang 1960, kürzlich auf meine Frage antwortete, ob er sich noch an die letzte deutsche Meisterschaft des 1. FCN im Jahr 1968 erinnere? „Man vermischt die Bilder, die man im Kopf hat, mit dem, was man in Zeitungen gelesen und im Fernsehen gesehen hat", meinte er, „und irgendwann vermagst du beides nicht mehr zu unterscheiden."

Im Winter 2003 besuchte ich Horst Eckel zweimal in seinem schmucken Einfamilienhaus in Vogelbach, einem kleinen Dorf zwischen Kaiserslautern und Homburg/Saar. Für unser Sonderheft *50 Jahre Wunder von Bern* kramte der bodenständige Weltmeister von 1954 in seinem Wohnzimmer bei Kaffee und Kuchen stundenlang in seinen Erinnerungen.

Er erzählte von seiner Jugend beim SC Vogelbach, wo er als 15-jähriger Mittelstürmer Tore wie am Fließband schoss und bald mit einer Sondergenehmigung für die erste Mannschaft spielen durfte. Davon, wie er mit dem Fahrrad zum rund 30 Kilometer entfernten Betzenberg fuhr, um den 1. FC Kaiserslautern spielen zu sehen: „Dort habe ich eine neue Fußball-Dimension entdeckt." Wie er selbst beim FCK landete, mit dem er, meist als Rechtsaußen oder rechter Außenläufer aufgeboten, 1951 und 1953 die deutsche Meisterschaft errang, und wie er schließlich am 9. November 1952 beim 5:1 gegen die Schweiz in Augsburg das erste seiner 32 Länderspiele bestritt – an der Seite seines ganz großen Idols, an der Seite Fritz Walters.

„Die erste Begegnung mit ihm kam mir fast unwirklich vor", sagte Eckel lächelnd, „und als ich das erste Mal im Spielerkreis neben ihm gestanden habe, das war der Gipfel für mich, das kann man nicht beschreiben. Für mich war er der beste Fußballer in Deutschland und in Europa, mit der beste der Welt, den ich persönlich erlebt habe." Vor allem aber, mindestens genauso hoch einzuschätzen, sei Fritz Walter „immer Mensch geblieben. Er hat mir und uns allen vorgelebt, dass man nie vergessen darf, wo man hergekommen ist". Sehr schade, schloss Eckel und wandte sich mir zu, „dass du ihn nie persönlich kennengelernt hast".

Nicht erst in diesem Augenblick sah ich dies genauso. Eineinhalb Jahre zuvor, während der Weltmeisterschaft 2002 in Japan und Südkorea, war Fritz Walter verstorben, und bei der Lektüre des wunderbar geschriebenen Nachrufs von Hans Böller, des Sportchefs der *Nürnberger Nachrichten*, hatte es mir doch wirklich die Tränen in die Augen getrieben.

Doch zurück zu Horst Eckel. Wir sprachen über die vier WM-Qualifikationsspiele gegen Norwegen und das vom späteren Bundestrainer Helmut Schön betreute Saarland, in denen sich Herbergers Mannschaft mit drei Siegen und einem Unentschieden nur scheinbar souverän durchsetzte. „Ein Sieg, der Sorge macht", titelte der *kicker* nach dem glücklichen 3:1 im Gruppenfinale im Saarbrücker Ludwigspark. „Nur mit viel Glück überstand die deutsche Elf die erste halbe Stunde ohne Gegentor", hieß es in der Schilderung der 90 Minuten. Kohlmeyer sei ein ums andere Mal überspielt worden, Liebrich habe der Deckung „trotz übertriebener Härte" keinen Halt geben können, das Experiment mit Fritz Walter als Mittelstürmer sei misslungen. „Wir hatten Glück, dass ein Tor des Saarbrückers Martin in der 17. Minute wegen einer angeblichen Abseitsstellung nicht anerkannt wurde", räumte auch Eckel ein.

Und dann näherten wir uns langsam, aber sicher den Spielen seines Lebens, den Spielen der Fußballweltmeisterschaft 1954, der dritten für die deutsche Nationalmannschaft, der fünften insgesamt.

Eckel berichtete vom zehntägigen Vorbereitungslehrgang in München („Die große Katastrophe war, dass wir bei 30, 35 Grad Hitze nur ganz kontrolliert trinken durften"), vom 4:1 im WM-Auftaktspiel gegen die Türkei („Zum Glück erholten wir uns schnell vom Schock des frühen Gegentreffers"), vom 3:8-Debakel gegen Ungarn in der zweiten Partie („Herberger wusste, dass es für uns nur einen Weg ins Viertelfinale geben würde, den über die Türkei, und er hat seinen Plan durchgezogen"), vom dank des ebenso seltsamen wie einmaligen Modus notwendigen Entscheidungsspiel gegen die Türken, das die deutsche Elf mit 7:2 gewann („Helmut Rahn musste wieder auf die Bank, was ihn so getroffen hat, dass er nach dem Spiel aus unserem Quartier ausgebüxt ist"), vom 2:0 im Viertelfinale gegen Jugoslawien („Die Frage der Fragen lautete: Wer spielt Rechtsaußen, Berni Klodt oder Helmut Rahn? Herberger entschied sich für den Boss"), vom sensationellen 6:1 im Halbfinale gegen Österreich („Von der ersten Sekunde an merkten wir: Heute läuft's super, wir sind gut drauf. Wir machten unser bestes Spiel der gesamten WM") und natürlich vom großen Endspiel.

Im zweiten Duell mit der zuvor rund vier Jahre und 32 Spiele lang ungeschlagenen ungarischen Wunderelf fiel Eckel die Aufgabe zu, Nándor Hidegkuti zu beschatten. „Vor dem Finale haben alle über Ferenc Puskás gesprochen", erzählte er, „alle bis auf einen – Sepp Herberger." Der „Chef" habe als erster großer Trainer erkannt, dass sich Hidegkuti, nominell Mittelstürmer, stets ins Mittelfeld zurückfallen ließ, um dort Überzahl zu schaffen und dann immer wieder mit Anlauf in die Spitze vorzustoßen. „Horst", habe Herberger in der Mannschaftsbesprechung zu ihm gesagt, „Hidegkuti ist der Kopf der Ungarn. Es ist Ihre Aufgabe, diesen Mann auszuschalten."

Was dem laufstarken Kaiserslauterer – „Windhund" nannte ihn Herbert Zimmermann in seiner Reportage vom Endspiel – über weite Strecken der Partie auch gelang. „Die Ungarn konnten mit Ausnahme der ersten zehn Minuten nie ihr Spiel spielen", meinte Eckel. „Natürlich hatten wir in der zweiten Halbzeit auch Glück", so, als das vermeintliche Ausgleichstor zum 3:3 durch Puskás wegen einer angeblichen Abseitsstellung nicht anerkannt wurde, „aber wir haben mit Sicherheit nicht unverdient gewonnen."

Irgendwann bei einem unserer zwei Treffen fragte ich, was an jenem 4. Juli nach dem Abpfiff in der Kabine der deutschen Mannschaft abgelaufen sei. Wurde gesungen, gegrölt, getanzt, geschunkelt? Er könne sich nicht mehr genau entsinnen, antwortete der mit damals 22 Jahren jüngste Spieler der Berner Weltmeisterelf. Er glaube, dass sie allesamt still und gedankenversunken auf ihren Plätzen gesessen hätten, bis sie Herberger plötzlich aufgerüttelt habe: „Jungs, ihr seid Weltmeister! Wollt ihr nicht mal anfangen zu singen?" „Daraufhin", so Eckel weiter, „haben wir ein Lied angestimmt." Welches? „Ich weiß es nicht mehr."

Verblasste Erinnerung – nur allzu verständlich. Fast 50 Jahre her, so viel passiert, so viel erlebt. Und so gab's halt keine größere Geschichte über die Feier nach dem Finale in unserem Sonderheft.

WM-Finale 1954: Horst Eckel im Laufduell mit dem Ungarn Nándor Hidegkuti. Diesen auszuschalten, hatte der Auftrag Sepp Herbergers an Eckel gelautet.

Gut ein Vierteljahr später, im Frühjahr 2004, lieferten sich die deutschen Fernsehanstalten einen geradezu grotesken Wettstreit; auf allen Kanälen flimmerten neben Sönke Wortmanns sehr schönem Spielfilm *Das Wunder von Bern* ausführliche Dokumentationen über die Bildschirme. *Das Wunder von Bern – die wahre Geschichte* hieß der Titel einer preisgekrönten 45-minütigen Sendung im ZDF, mit bis dahin nicht gesehenen Bildern aus dem ungarischen Filmarchiv und privatem Super-8-Material. Dabei wurden Zeitzeugen interviewt, Politiker wie Helmut Kohl, Sportjournalisten, Stadionbesucher und vier der 22 Spieler, die sich 1954 im Wankdorfstadion gegenüberstanden: der ungarische Torhüter Gyula Grosics, Rechtsverteidiger Jenő Buzánszky sowie die Deutschen Ottmar Walter und – Horst Eckel.

Eher beiläufig, bei der Lektüre des Quizbuchs *Kopf-Ball* von Hansi Küpper – für mich der beste Fußballkommentator im privaten Fernsehen –, verfolgte ich an einem Dienstagabend im April 2004 die besagte Dokumentation. Bahnbrechend Neues hatte sie nicht zu bieten für mich, bis ein Interview mit Eckel ausgestrahlt wurde. „Was war damals nach dem Schlusspfiff in der deutschen Kabine los?", wurde der Kaiserslauterer gefragt. Schon wollte ich wieder zu meinem Buch greifen und weiterrätseln, die Antwort kannte ich ja bereits.

Dachte ich jedenfalls. Plötzlich aber glaubte ich meinen Ohren nicht zu trauen. „Jungs, ihr seid Weltmeister", habe Sepp Herberger nach ein, zwei Minuten der Stille in die Runde gerufen, erzählte der „Windhund" vor der ZDF-Kamera, „wollt ihr nicht mal anfangen zu singen?" Daraufhin hätten er und seine Kameraden ihre Zurückhaltung abgelegt, und, er wisse es noch genau, „wir haben Herbergers Lieblingslied ‚Hoch auf dem gelben Wagen' geschmettert". Lautstark seien in der Kabine drei oder vier Strophen des von Heinz Höhne 1922 komponierten Volkslieds erklungen, mit dem der spätere Bundespräsident Walter Scheel 1974 überraschend die Hitparaden stürmte.

„Hoch auf dem gelben Wagen", na klar. Offenbar war Eckels Erinnerung über Nacht – vielleicht ja über Weihnachten? – zurückgekehrt. Rund 50 Jahre nach Bern: das Wunder von Vogelbach.

ALEX
FERGUSON
EIN INTERVIEW, KEIN INTERVIEW

Kürzlich habe ich ein längeres Interview mit Ron-Robert Zieler gelesen. Darin erzählt der Torhüter des VfB Stuttgart, beim WM-Triumph in Brasilien 2014 noch die deutsche Nummer drei hinter Bayerns Manuel Neuer und dem Dortmunder Roman Weidenfeller, ausführlich und launig von seiner Zeit in England.

Mit 16 Jahren war der in Köln geborene Zieler 2005 aus der Jugend des 1. FC zu Manchester United gewechselt, wo er fünf Jahre lang unter Vertrag stand. In dieser Zeit habe er „nie ein Pub von innen gesehen", betont der Schlussmann, weil er, für mich schwer begreiflich, mit Bier „nicht so viel anfangen" könne; umso mehr wurden ihm die Rasenplätze im Trafford Training Centre in Carrington vertraut. Fast täglich übte er dort mit den großen Stars wie Cristiano Ronaldo, Ryan Giggs und Ruud van Nistelrooy, und sein Trainer hieß – Alex Ferguson. Sir Alex, wie sich der nach Uniteds Triple-Gewinn des Jahres 1999 von Queen Elizabeth zum Ritter geschlagene Schotte seit fast zwei Jahrzehnten nennen darf.

„Ich war total beeindruckt, als ich ihm erstmals gegenübersitzen durfte", sagt Zieler über den am Silvestertag des Jahres 1941 in Glasgow geborenen Fußballlehrer. „Er war ein großartiger Trainer, der beste der Welt. Dabei konnte ich damals noch nicht so gut Englisch und habe ihn mit seinem schottischen Akzent kaum verstanden."

Wie, Ron-Robert: Du hast Sir Alex nicht verstanden?

Ich traf Ferguson erstmals 1983. Am Morgen des 10. Mai war ich nach Göteborg geflogen, um vom Endspiel des Europapokals der Pokalsieger zwischen Real Madrid und dem FC Aberdeen am Tag darauf zu berichten. Den Auftrag, von der Reise auch ein Interview mitzubringen, hatte ich nicht. Doch ein Jahr zuvor, bei meinem ersten DFB-Pokalfinale zwischen Bayern München und dem 1. FC Nürnberg am 1. Mai 1982 im Frankfurter Waldstadion, hatte ich mir eine ernsthafte Rüge meines Chefredakteurs Karl-Heinz Heimann eingefangen, weil ich beim 1:0-Führungstreffer des FCN durch den Österreicher Reinhold Hintermaier, einem traumhaften Schuss aus fast 40 Metern Torentfernung, einen halben Meter hoch in die Luft gesprungen war. „Ein kicker-Redakteur", tadelte mich Heimann, „muss immer objektiv sein." Meine schnell ausgedachte Erklärung, ich würde über jedes schöne Tor jubeln, egal für welchen Verein, nahm er mir seltsamerweise nicht ab.

Bei der Rückkehr von meinem ersten Europapokalfinale wollte ich den Mann, der den kicker seit der Fusion mit dem Sport-Magazin im Jahr 1968 leitete, zur Abwechslung einmal positiv überraschen und ihm ein hochkarätiges Interview auf den Schreibtisch legen. Sofort nach meiner Ankunft am Flughafen Landvetter ließ ich mich per Taxi ins Mannschaftshotel der Schotten kutschieren und dort vom Empfang aus den Pressesprecher des Vereins rufen. Fünf Minuten später stand der Mann vor mir: Mitte 40, nicht ganz so schlank wie ich – damals –, mit kurzgeschorenem blondem Haar. An seinen Namen erinnere ich mich nicht; nennen wir ihn Kevin.

Ich stellte mich vor und fragte Kevin, ob es möglich sei, irgendwann in den nächsten 24 Stunden ein kurzes Interview mit Aberdeens Trainer zu führen – Alex Ferguson. Stefan Mennerich, Direktor für Medien, Digital und Kommunikation beim FC Bayern, würde sich heute vermutlich auf die Oberschenkel klopfen vor Lachen und dann die Notrufnummer 112 wählen, wenn ein namenloser ausländischer Reporter am Vortag eines Europapokalfinales bei ihm um einen exklusiven Gesprächstermin mit dem Trainer von Neuer, Müller, Lewandowski und Co. noch vor dem Spiel nachsuchte. 1983 aber sah die Welt des internationalen Profifußballs noch so völlig anders aus.

„Warten Sie hier", antwortete Kevin und ließ mich allein, nicht ohne vorher zu fragen, ob ich einen Tee trinken möchte. Ich hatte meine Tasse noch nicht geleert, als er auch schon wieder auftauchte. „Heute um 18 Uhr vor dem Abendessen", sagte er. „Sie haben zehn Minuten."

Um 17.45 Uhr saß ich wieder in der Lobby, einen Block voller Fragen auf dem Glastischchen vor mir. Kurz nach sechs erschien dann wirklich in Kevins Schlepptau, der damals 41-jährige Alex Ferguson, begrüßte mich mit einem „Hi, nice to meet you" und drückte mir kräftig die Hand. „Sie haben zehn Minuten", sagte der Pressesprecher noch einmal. „Okay", antwortete ich und stellte meine Einstiegsfrage: „Mister Ferguson, wenn der FC Aberdeen morgen den

Titel gewinnt, werden nicht nur die Spieler, sondern auch Sie persönlich ins große Scheinwerferlicht rücken. Bestimmt der Ausgang dieses Spiels Ihre Zukunft?"

Ferguson überlegte kurz, dann antwortete er freundlich und ausführlich, er redete schnell und in einer Sprache, die mit dem Englisch meines siebensemestrigen Studiums an der Friedrich-Alexander-Universität Erlangen-Nürnberg so viel Ähnlichkeit hatte wie der FC Bayern mit meinem Heimatverein FSV 1883 Gostenhof – Glasgower Scots, wie ich später herausfand. Ich verstand nicht einmal Bahnhof. „Aber das kannst du doch jetzt nicht zugeben", sagte ich zu mir selbst und begann heftig zu schwitzen, „sonst bricht er das Interview sicher sofort ab."

Also weiter, weiter! Nachdem ich es immerhin geschafft hatte, während Fergusons Antwort wahllos ein paar Wortfetzen aufs Papier zu kritzeln – gab's damals schon Aufnahmegeräte? Ich hatte keins –, tat ich so, als sei alles im grünen Bereich, wischte meine feuchten Hände an der Hose ab und stellte die zweite Frage: „Kann der FC Aberdeen langfristig die Vorherrschaft der beiden Glasgower Spitzenvereine Rangers und Celtic gefährden?" Zweite längere Antwort Fergusons, zum zweiten Mal so gut wie nichts verstanden – Glasgower Scots, Sie wissen schon –, zum zweiten Mal nach dem Zufallsprinzip ein paar Wörter aufgeschrieben, weiter.

Vier Fragen später waren die zehn Minuten vorüber – unglaublich, wie lange 600 Sekunden sein können. Im Speiseraum wartete das Abendessen. „Okay?", fragte Ferguson freundlich. „Okay", antwortete ich, ehe ich meine sieben Semester doch noch gewinnbringend einsetzen konnte: „Thank you very much, Mister Ferguson, it was a great pleasure." Wir schüttelten einander die Hände. „Good luck for tomorrow", sagte ich zum Abschied und meinte es ehrlich: Ich mag schottischen Fußball, seit die *Lisbon Lions* von Celtic Glasgow im Finale des Europapokals der Landesmeister 1967 überraschend das von mir wenig geliebte Inter Mailand bezwangen.

Am folgenden Abend landeten die *Dons* mit dem späteren HSV-Profi Mark McGhee in der Sturmspitze im verregneten Ullevi-Stadion einen Coup, den viele in Schottland noch heute als Fergusons größten Erfolg überhaupt ansehen: Der krasse Außenseiter Aberdeen, der im Viertelfinale den deutschen Pokalsieger Bayern München mit 0:0 und 3:2 ausgeschaltet hatte, schlug das große Real nach Treffern von Eric Black und John Hewitt bei einem Elfmetergegentor durch Juanito sensationell mit 2:1 nach Verlängerung und holte sich seinen bis heute einzigen europäischen Titel.

Zurück in der Nürnberger Redaktion nach einer fast schlaflosen Nacht – auf den Straßen Göteborgs hatten 12.000 mitgereiste Aberdeen-Fans bis in den frühen Morgen hinein stimmgewaltig gesungen und gefeiert –, warf ich noch einmal einen Blick in meine Unterlagen. Das Wunder über den Wolken war ausgeblieben, der Block bot noch immer dasselbe traurige Bild: Anstelle von sechs schönen, ausführlichen Antworten auf meine sechs Fragen nur ein paar traurige, zusammenhanglose Wortfetzen. Von meinem Interview mit Alex Ferguson ist nie eine Zeile erschienen.

Noch viermal kreuzten sich danach unsere Wege: bei drei Champions-League-Spielen Manchester Uniteds – das er von 1986 bis 2013 fast 27 Jahre lang trainierte und zu drei Europapokalsiegen und 13 (!) englischen Meistertiteln führte – gegen Bayern München und den VfB Stuttgart in den 2000er Jahren, und im Oktober 2016 bei der großen Gala der Deutschen Akademie für Fußball-Kultur, als Sir Alex den nach *kicker*-Gründer Walther Bensemann benannten Preis für sein Lebenswerk entgegennahm. Um ein Interview habe ich mich nicht mehr bemüht.

RALPH
HASENHÜTTL

DIE ABSCHIEDSREDE

16 deutsche Vereine stürzten sich am 24. August 1963 in das große Abenteuer Bundesliga. Mit dem Hamburger SV hat sich 2018 der letzte Dinosaurier verabschiedet; nun gibt es keinen Klub mehr, der der Elite-liga seit 1963 ununterbrochen angehört.

Sieben der 16 Gründungsmitglieder aber dürfen sich auch in der Saison 2018/19 erstklassig nennen: Eintracht Frankfurt, Borussia Dortmund, der VfB Stuttgart, Schalke 04, der 1. FC Nürnberg, Werder Bremen und Hertha BSC. Der erste Bundesligameister 1. FC Köln, der damals noch als Meidericher SV startende MSV Duisburg und der HSV sind mittlerweile in die Zweitklassigkeit abgerutscht, weitere fünf Klubs in die 3. Liga: 1860 München, Eintracht Braunschweig, der 1. FC Kaiserslautern, der Karlsruher SC und Preußen Münster. Der 16. Klub der ersten Stunde, der 1. FC Saarbrücken, versucht nun schon im fünf-ten Jahr, der viertklassigen Oberliga Südwest wieder zu entfliehen.

Wie viele meiner Schulkameraden der ersten Klasse sammelte auch ich 1963/64 die Fußballbilder aus dem Frankfurter Otto-Sicker-Verlag. Das komplette Album der Premierensaison, sehr gut erhalten und in säurefreies Papier verpackt, habe ich kürzlich meinem Sohn Markus und seiner Freundin Tanja zum Einzug in ihr neues Haus geschenkt – bringt mindestens so viel Glück wie ein Laib Brot und Salz.

Von der ersten Bundesligaminute an erregten vor allem zwei Vereine meine größte Aufmerksamkeit: Preußen Münster und der 1. FC Saarbrücken – beide wegen eines einzigen Spielers in ihrem Kader.

Im Fall der Preußen hörte dieser Mann auf den Namen Dagmar Drewes. Der Mittelfeldspieler bestritt alle 30 Begegnungen der Saison, ohne eines der ohnehin nur 34 Tore der Westfalen zu erzielen. Es wollte mir partout nicht in den Kopf, wie Eltern einen Jungen Dagmar rufen konnten, und in den frühen 1960er Jahren kannten wir – zumindest bei uns in Nürnberg – noch kein Wikipedia, wo ich nun lese, das

„bei Männern äußerst selten" vorkommende Dagmar sei eine Abwandlung des ebenfalls „kaum noch gebräuchlichen" keltischen Dagomar.

Der Name eines Spielers war es auch, der den 1. FC Saarbrücken für mich so interessant machte, der Nachname diesmal. Dieter Haßdenteufel hieß der zweite Torhüter der Saarländer hinter Volker Danner. Haßdenteufel! Fünfmal kam der alles andere als furchterregend aussehende Schlussmann in der Premierensaison zum Einsatz, danach verlor ich ihn aus den Augen, seinen Namen jedoch nie aus dem Gedächtnis.

Am Ende der Saison 1963/64 mussten ausgerechnet „meine" beiden Klubs, mussten Münster als Tabellenfünfzehnter und Saarbrücken als Sechzehnter absteigen. Während die Saarländer, die 1943 noch unter dem Namen FV Saarbrücken (0:3-Endspielniederlage gegen den Dresdner SC) und 1952 (2:3 gegen den VfB Stuttgart) immerhin zweimal die deutsche Vizemeisterschaft errangen, 1976 in die Bundesliga zurückkehrten und insgesamt vier weitere Jahre in der Erstklassigkeit folgen ließen, kamen die Preußen, Vizemeister des Jahres 1951 (1:2 im Finale gegen den 1. FC Kaiserslautern), niemals wieder. Und so halten die Westfalen weiterhin einen einmaligen Rekord (sollten Sie sich merken, falls Sie in Ihrem Freundeskreis einmal eine Eine-Million-Euro-Frage stellen möchten): Als einziger Verein der Bundesligageschichte stand Münster niemals auf dem letzten Tabellenplatz. Stimmt wirklich!

Die einen also gingen, andere zogen ein ins Oberhaus. Insgesamt 55 Vereine mischten seit 1963 in der Bundesliga mit; als letzter Neuling schaffte 2016 RB Leipzig den Sprung nach oben, ein Jahr zuvor war der FC Ingolstadt erstmals aufgestiegen. Bei beiden Vereinen saß im ersten Bundesligajahr derselbe Trainer auf der Bank: Ralph Hasenhüttl.

In rund 19 Jahren als Profi hatte der 1967 in Graz geborene Stürmer viele Erfahrungen in seiner Heimat Österreich, Belgien und Deutschland gesammelt, ein Bundesligaeinsatz blieb dem achtmaligen Nationalspieler (drei Tore) versagt. 2000 stieg er mit dem 1. FC Köln zwar in die Eliteliga auf, heuerte aber noch im selben Sommer beim Zweitligisten SpVgg Greuther Fürth an. Nach seiner letzten Station als Aktiver, zwei Jahren bei der zweiten Mannschaft des FC Bayern, wechselte Hasenhüttl 2004 nahtlos ins Trainerlager über, betreute die jüngeren A-Junioren und die Profimannschaft der SpVgg Unterhaching, sprang mit dem VfR Aalen von der 3. in die 2. Liga und landete 2013 schließlich beim FC Ingolstadt.

Auf Tabellenplatz 18 der 2. Liga übernahm er als Nachfolger des entlassenen Marco Kurz den 2004 aus der Fusion der Fußballabteilungen der Ingolstädter Klubs ESV und MTV hervorgegangenen Verein nach zehn Spieltagen. Unter der Leitung des Österreichers kletterten die Schanzer bis zum Saisonende auf Rang zehn und stiegen im Jahr darauf vor allem dank ihrer 29 Auswärtspunkte in die Bundesliga auf.

Bundesligist FC Ingolstadt. Im Rahmen der Saisoneröffnung Anfang Juli 2015 schüttelte ich, der ich die Oberbayern in der Saison 2015/16 für den *kicker* betreuen sollte, im Audi-Sportpark Hasenhüttl erstmals die Hand. Der schien sich doch wirklich zu freuen – weniger über mich, wie ich vermute, als über die enorm gestiegene Aufmerksamkeit, die sein Verein und damit auch er selbst plötzlich genossen. „Wir werden in der neuen Saison definitiv öfter Haue bekommen", sagte er, „aber Angst haben wir keine. Wir sind alle unglaublich motiviert."

Zwei Wochen später reiste der FCI zur Vorbereitung ins österreichische Mittersill. In einer Rangliste der rund 30 Sommer- und Wintertrainingslager, von denen ich im Lauf der Jahre berichtet habe, würden die neun Tage im Salzburger Land ganz weit vorne landen.

Ob nun der extrovertierte, enorm selbstbewusst auftretende Hasenhüttl, der im Hintergrund, aber ungemein erfolgreich wirkende Sportdirektor Thomas Linke, der Geschäftsführer Sport und Kommunikation Harald Gärtner, die Profis um Kapitän Marvin Matip und seinen stets bestens gelaunten Innenverteidigerkollegen Benjamin Hübner, die gesamte, von Oliver Samwald souverän geführte Presseabteilung oder die mitgereisten Reporterkollegen: Alle traten mit einer Freundlichkeit und Lockerheit auf, wie ich sie lange nicht mehr erlebt hatte.

Fast fühlte ich mich an die ersten drei Jahre meiner Reporterzeit erinnert, als ich über den Zweitligisten SpVgg Fürth schrieb und alles noch so ganz anders zuging als heute. Jeden Donnerstag um elf Uhr morgens lud die Spielvereinigung zu einer gemütlichen Pressekonferenz mit Kaffee, Brezen und Weißwürsten, und Präsident Helmuth Liebold sprach launig vor vier, fünf Reportern über seine Mannschaft, den kommenden Gegner und die allgemeine weltpolitische Großwetterlage. Einmal, Anfang März 1983, nahm mich Trainer Franz Brungs im Mannschaftsbus mit zum Auswärtsspiel nach Darmstadt, wo ich bei seiner Ansprache an die Spieler vor dem Anpfiff in der Kabine dabei sein durfte. Fürth verlor trotz seiner beeindruckenden Rede mit 0:3 und stieg am Saisonende ab. Vielleicht blieb's auch deshalb meine einzige Mannschaftsbesprechung.

Doch zurück ins Salzburger Land. An einem herrlich sonnigen Sommernachmittag führte ich im Hof des Mannschaftsquartiers Schloss Mittersill mein erstes längeres Interview mit Hasenhüttl, der mir in diesen Julitagen stark imponierte. Weniger, weil er zweimal am Tag die drei Kilometer lange Strecke vom hoch über dem Ort gelegenen Schloss zum Trainingsplatz mit seinem Mountainbike nach unten raste, sondern weil er zweimal am Tag die drei Kilometer lange Strecke vom Trainingsplatz zum hoch über dem Ort gelegenen Schloss mit seinem Mountainbike wieder nach oben strampelte.

So kurz vor dem ersten Bundesligaspiel seiner Karriere beim 1. FSV Mainz 05 versprühte der Fußballlehrer große Vorfreude und riesiges Selbstvertrauen. Es sei „superspannend, sich an neue Aufgaben heranzutasten und sich mit den Besten zu messen", meinte er, superspannend für seine Profis und ihn selbst. Er erzählte von dem Fußball, den er mit seiner Mannschaft spielen wollte, angelehnt an den der Dortmunder Borussia in deren Meisterjahren 2011 und 2012. „Mit viel Tempo im Spiel und unglaublich schnellem Umschalten" habe Jürgen Klopp zweimal den Titel geholt, „das ist für mich eine große Trainerleistung". Der FCI werde schon im ersten Bundesligajahr „eine Bereicherung für die Liga" sein. „Mit unserer Spielweise werden wir vielen Gegnern Probleme bereiten und uns selbst als Mannschaft weiterentwickeln." Am

Ende unserer Unterhaltung schließlich sprach Hasenhüttl zwei Sätze, die mir von diesem Tag an stets durch den Kopf schwirrten. „Ich weiß, dass wir drinbleiben", sagte er voraus, und: „Ich werde in einem Jahr ein besserer Trainer sein als heute."

Was für mich zunächst sehr gewagt, um nicht zu sagen vermessen klang, bestätigte sich eindrucksvoll. Die Oberbayern legten eine spektakuläre Premierensaison hin, gewannen zum Auftakt in Mainz durch ein Tor des Österreichers Lukas Hinterseer mit 1:0, ließen sich durch eine 0:4-Klatsche im ersten Heimspiel gegen Borussia Dortmund nicht aus der Bahn werfen, siegten auch beim FC Augsburg und bei Werder Bremen mit 1:0 und stellten so einen neuen Bundesligarekord auf: Als erster Aufsteiger überhaupt gestalteten sie die ersten drei Auswärtsspiele siegreich.

Zwar hielt der weitere Saisonverlauf Höhen und Tiefen bereit, doch schafften die Schanzer souverän den Klassenerhalt, mit einer mutigen und unerschrockenen, für einen Aufsteiger untypischen Spielweise und ohne ein einziges Mal auf einen Abstiegsplatz abzurutschen. Und so wurden die Ereignisse auf dem grünen Rasen schon bald nach der Winterpause durch ein anderes Thema überlagert – die Zukunft des mit einem Vertrag bis 2017 ausgestatteten Trainers.

Immer wieder flackerten Nachrichten und Gerüchte über das Interesse anderer Vereine – mit Zweitligist RB Leipzig an der Spitze – an Hasenhüttl auf. Wo er selbst jede konkrete Aussage vermied, rechnete rund um den Audi-Sportpark bis ins Frühjahr hinein niemand mit seinem vorzeitigen Abgang. Der Vorstandsvorsitzende Peter Jackwerth verwies im Interview mit Gottfried Sterner vom *Donaukurier* auf den noch laufenden Vertrag („Das ganze Trainerteam hat einen Vertrag bis 2017, teilweise sogar darüber hinaus. Alle werden ihre Verträge erfüllen. Aus, Ende"). Linke und Gärtner führten ihre Vieraugengespräche mit dem Trainer ins Feld, die perfekten Arbeitsbedingungen beim FCI, das harmonische Umfeld, die längst nicht abgeschlossene Entwicklung der Mannschaft.

Auch ich glaubte lange, zu lange, nicht an einen Wechsel des hemdsärmeligen Österreichers ausgerechnet nach Leipzig, hatte Hasenhüttl doch mehr als einmal die traditionellen Werte des Fußballs wie Vertragstreue und Identifikation mit dem Verein beschworen und das moderne Söldnertum – ich spiele oder trainiere da, wo ich am meisten verdiene – gegeißelt.

So fuhr ich am 12. April 2016 zu einem großen Interview mit ihm nach Ingolstadt in der Überzeugung, dass er alle Gerüchte um einen Wechsel nach Saisonschluss endlich mit deutlichen Worten vom Tisch fegen würde. Doch unsere eineinhalbstündige Unterhaltung entwickelte sich so ganz anders als gedacht.

„Ich habe hier in Ingolstadt eine reizvolle Aufgabe", erklärte mir der Fußballlehrer, „aber es gibt auch noch andere reizvolle Aufgaben." Das Formen, das Zusammenbringen der einzelnen Spieler „zu einer geradezu perfekt funktionierenden Mannschaft" habe ihn viel Arbeit und viel Kraft gekostet. „Doch diese schwerste Arbeit für mich in diesem Verein ist absolut getan." Er und seine Spieler hätten gemerkt, „dass gute Leistungen und Erfolge nun mal Begehrlichkeiten wecken", und, zum Abschluss: „Ich habe noch einen Vertrag hier, aber ich weiß nicht, was in nächster Zeit passiert. Solange ich hier bin, werde ich alles dafür tun, dass dieser Verein Erfolg hat, dazu bin ich zu sehr Profi."

Auf der Rückfahrt hörte ich mir die wichtigsten Passagen unseres Gesprächs noch einige Male an; immer deutlicher klangen Hasenhüttls letzte Sätze wie eine Abschiedsrede. In der Redaktion angekommen, schickte ich ihm eine SMS: „Lieber Ralph, arbeiten wir in der nächsten Saison noch zusammen? Hab seit heute erstmals Zweifel." Zwei Stunden später antwortete er mir, schlagfertig und einfallsreich wie immer: „Wieso? Hörst du auf beim *kicker*?"

Am nächsten Tag wurde bekannt, dass es am Ostersamstag im Salzburger Land ein erstes konspiratives Treffen Hasenhüttls mit Leipzigs Sportdirektor Ralf Rangnick gegeben hatte.

Ich habe dann in der Saison 2016/17 wirklich nicht mehr für den *kicker* gearbeitet. Aber er auch nicht mehr für den FC Ingolstadt.

THOMAS
HELMER

EIN FEHLER UND ZWEI FLUGHÄFEN

Der Fußball schreibt die unglaublichsten Geschichten – lustige und traurige, märchenhafte und skandalöse, kuriose und groteske. Kurios und grotesk zugleich ist zum Beispiel, dass zwei der berühmtesten Tore der deutschen Fußballgeschichte keine Tore waren.

Natürlich, über allen anderen, weit über allen anderen steht das legendäre Wembley-Tor. Jene Szene aus der 101. Minute des Weltmeisterschaftsendspiels England gegen Deutschland am 30. Juli 1966 im Londoner Wembley-Stadion, als der englische Mittelstürmer Geoff Hurst beim Stand von 2:2 aus der Drehung auf den vom Dortmunder Schlussmann Hans Tilkowski gehüteten deutschen Kasten schoss, das Leder gegen die Unterkante der hölzernen Latte und von dort Richtung Torlinie prallte und schließlich aufsprang. Auf der Linie? Davor? Dahinter?

Weil es noch keine Torlinientechnik und keine Videoassistenten gab und der Schweizer Schiedsrichter Gottfried Dienst die Verantwortung feige abschob, durfte der 50 Meter vom Tatort stehende Linienrichter Tofik Bachramow die Entscheidung fällen: Tor oder nicht Tor? Der Mann aus Aserbaidschan beantwortete die Frage aller Fragen mit „Tor". Zu 99,9 Prozent – den unumstößlichen Beweis wird es nie geben – die folgenschwerste Fehlentscheidung in der Geschichte des Fußballs: England holte sich durch einen 4:2-Sieg nach Verlängerung den WM-Titel.

„Millionen Menschen in allen Erdteilen waren Augenzeugen, dass dieses Tor keines war", schrieb der damalige *kicker*-Chefredakteur Robert Becker. „Ich weiß nicht, was in Linienrichter Bachramow vorgegangen ist, als er Schiedsrichter Dienst erklärte, er habe Tor gesehen. Er kann es nicht gesehen haben, niemand außer ihm hat es gesehen. Er hatte es nicht einmal angezeigt." Auch Hans Tilkowski hat in den knapp 53 Jahren seit jenem Julitag des Jahres 1966 „bestimmt tausendmal" erzählt, der Ball sei „niemals" im Tor gewesen: „Ich habe das Leder an die Querlatte gelenkt, von da prallte es nach unten und sprang noch vor der Torlinie auf."

Nicht-Tor Nummer zwei fiel knapp 28 Jahre nach Wembley. Diesmal hieß der Torschütze Thomas Helmer.

Das erste Mal schrieb ich über ihn im Juni 1992. Zwei Jahren bei Arminia Bielefeld hatte der 1965 im nordrhein-westfälischen Herford geborene Defensivspezialist sechs Spielzeiten im Dress der Dortmunder Borussia folgen lassen, als er unmittelbar vor der Europameisterschaft in Schweden in den Mittelpunkt eines erbitterten Zwists zwischen der Borussia und dem FC Bayern rückte.

Helmer, der im zweiten Länderspiel nach dem Triumph bei der Weltmeisterschaft 1990, beim 3:1-Sieg gegen Schweden in Stockholm, den Sprung in die Nationalmannschaft geschafft hatte, plante trotz eines noch zwei Jahre laufenden Vertrags beim BVB seinen Wechsel an die Isar. Weil die Dortmunder ihrem herausragenden Abwehrspieler die Freigabe verweigerten – wozu schließen wir Verträge? –, bediente sich Uli Hoeneß nicht zum ersten und schon gar nicht zum letzten Mal in seiner Zeit als Bayern-Manager eines ebenso dubiosen wie legalen Kniffs. In Helmers Vertrag hatten die Dortmunder eine Ausstiegsklau-

THOMAS HELMER

Geboren am 21.4.1965 in Herford

- 68 Länderspiele, 5 Tore
- 390 Bundesligaspiele für Arminia Bielefeld, Borussia Dortmund, Bayern München und Hertha BSC, 41 Tore
- Vereine im Ausland: FC Sunderland
- Europameister 1996, Vizeeuropameister 1992
- UEFA-Pokalsieger 1996
- Deutscher Meister 1994, 1997, 1999
- DFB-Pokalsieger 1989, 1998

sel verankert, die es dem damals 27-Jährigen erlaubte, im Sommer 1992 für drei Millionen Mark zu wechseln - jedoch nur ins Ausland. Also begann Hoeneß an einem spektakulären „Umgehungsmodell" zu basteln: Helmer sollte sich kurzzeitig zum französischen Erstligisten AJ Auxerre transferieren und dann sofort an die Bayern weiterreichen lassen. Die Dortmunder Verantwortlichen reagierten geschockt, Präsident Gerd Niebaum sprach von „Sitten wie im Wilden Westen".

Anfang Juni dann hatte ich das journalistische Glück, Hoeneß im optimalen Augenblick am Telefon zu erwischen und aus der Reserve locken zu können - verblüffend freimütig legte er in unserem Interview seine Karten offen. „Die ganze Sache ist vielleicht spitzfindig, und wir schöpfen die Gesetze extrem aus", bekannte er, doch die Attacken der Dortmunder seien „Schwachsinn. Sie sind doch selbst schuld, wenn sie eine so bescheuerte Klausel einbauen. Nun merken sie, dass sie das Pokerspiel verlieren, und versuchen, den Jungen mit allen Mitteln fertigzumachen".

Nach einer längeren Schlammschlacht (Niebaum: „Es ist einfach nicht das Niveau von Borussia Dortmund, auf das sich Herr Hoeneß da herabgelassen hat") einigten sich beide Vereine schließlich doch noch. Helmer durfte für die damalige Rekordablöse von 7,5 Millionen Mark an die Isar wechseln und wurde in seinem zweiten Jahr bei den Münchnern erstmals deutscher Meister - dank seines berühmten „Phantomtors".

0:0 stand es am 23. April 1994 in der 26. Minute des Bundesligaspiels FC Bayern gegen den 1. FC Nürnberg, als Helmer frei vor Club-Torhüter Andreas Köpke das Kunststück fertigbrachte, den Ball aus weniger als 50 Zentimetern Entfernung nicht ins Tor, sondern neben den Kasten zu stochern. „Wie hast du denn das geschafft?", scherzte Köpke gegenüber seinem Münchner Nationalmannschaftskollegen. Linienrichter Jörg Jablonski jedoch, rund 50 Meter entfernt an der Eckfahne postiert und gegen die tiefstehende Sonne blinzelnd, zauberte ein noch viel größeres Kunststück aus dem Hut und signalisierte „Tor". Schiedsrichter Hans-Joachim Osmers folgte seinem Assistenten blind - fast hätte ich „ebenso blind" geschrieben - und erkannte den Treffer an.

Weil Helmer in der zweiten Halbzeit ein reguläres Tor hinterherschickte und Nürnbergs Manfred Schwabl kurz nach dem Anschlusstreffer durch Alain Sutter einen Elfmeter nicht verwandeln konnte, siegten die Bayern mit 2:1. Im nach erfolgreichem Protest des FCN

Mit Videoschiedsrichter wäre das nicht passiert:
das berühmte Phantomtor von Thomas Helmer.

angesetzten Wiederholungsspiel gewannen die Bayern nach einem 0:0
zur Halbzeit klar mit 5:0 und wurden schließlich mit einem Punkt Vorsprung vor dem 1. FC Kaiserslautern Meister. Der Club stieg aufgrund
der schlechteren Tordifferenz gegenüber dem SC Freiburg ab.

Ohne das Phantomtor wäre – rein rechnerisch – der deutsche Meister 1994 aus der Pfalz gekommen und der FCN hätte auch 1994/95 noch
in der Bundesliga gespielt. Mit fünf einfachen Worten hätte Helmer,
den ich als sehr fairen Sportler kennengelernt hatte, eine der größten Fehlentscheidungen der Bundesligageschichte verhindern können:
„Schiri, der war nicht drin!" Warum er dies versäumte? „Warum sollte
ich mich gegen die Entscheidung Tor wehren?", fragte er damals unmittelbar nach dem Abpfiff. „So ist es halt im Fußball."

So ist es halt im Fußball – ein reichlich schwaches Argument, was
er mit einigem Abstand auch selbst so sah. Eineinhalb Jahrzehnte später, als ich mich für unser Sonderheft *Unvergessene Momente* mit ihm
unterhielt, fand er ganz andere Worte. „Natürlich wusste ich, dass
der Ball neben dem Tor gelandet war", sagte er da. „Aber da er zuvor

irgendwann zwischen meinen Beinen lag, hätte er in dem Moment vielleicht drin sein können. Der Schiedsrichter und ich hätten uns damals auf jeden Fall unterhalten müssen; wir haben uns beide falsch verhalten, und es ist zweifellos blöd gelaufen, aber sicher liegt die Hauptlast bei mir."

Den Fluch der nicht sonderlich guten Tat bekam Helmer, der mit dem FC Bayern 1994, 1997 und 1999 drei deutsche Meistertitel, 1996 den UEFA-Pokal und im selben Jahr mit der Nationalmannschaft unter Trainer Berti Vogts in England auch den Titel eines Europameisters einheimste, noch viele Jahre nach Ende seiner Karriere zu spüren, als er zunächst für SAT.1, dann für das Deutsche Sport-Fernsehen (später sport1) als Reporter und Moderator arbeitete.

„Vor allem in Nürnberg war's für mich nie ganz so einfach", erzählt er. 2007 etwa, nach dem 2:2 des FCN im UEFA-Pokal-Rückspiel bei Rapid Bukarest, flog er gemeinsam mit der Mannschaft und den Verantwortlichen der Franken aus Rumänien zurück, „und schon in der Luft bekam ich einen Spruch nach dem anderen zu hören". Es sei „bitter, dass ich nach allem, was ich in 17 Jahren als Profi geleistet habe, oft auf dieses eine Tor begrenzt werde". In Nürnberg selbst warteten 2.000 Club-Fans, um die Spieler und Trainer Hans Meyer für den Einzug in die Gruppenphase des europäischen Wettbewerbs zu feiern. „Sagen wir so", meint Helmer rückblickend, „ich hatte schon schönere Momente auf Flughäfen."

Andererseits: So schlimm kann's dann auch wieder nicht gewesen sein. Nach den Viertelfinalspielen der Weltmeisterschaft 2010 in Südafrika reisten wir beide mit derselben Lufthansa-Maschine von Johannesburg aus zurück nach Deutschland. Helmer hatte seinen Sitz vorne in der bequemen Business Class, ich hinten in der nicht ganz so komfortablen Economy Class.

„Thomas, jetzt hast du die große Chance, zumindest einem Nürnberger gegenüber etwas gutzumachen", sagte ich augenzwinkernd zu ihm in der Abflughalle. „Lass uns die Plätze tauschen." Helmer lehnte lachend ab.

ULI
HOENEß

DER PÜNKTLICH
SEINE STEUERN ZAHLT

Die erste Mondlandung. Am 21. Juli 1969 haben wir gemeinsam gebannt zugesehen, wie Neil Armstrong mit seinem linken Fuß „einen kleinen Schritt für einen Menschen, doch einen großen Sprung für die Menschheit" machte. Wir saßen vor dem Fernseher in unserem Wohnzimmer, als Muhammad Ali am 30. Oktober 1974 im legendären „Rumble in the jungle" in Kinshasa George Foreman den Weltmeistertitel entriss, ebenso ein knappes Jahr später bei seiner erfolgreichen Titelverteidigung im „Thrilla in Manila" gegen Joe Frazier.

Meistens aber schauten mein Vater Hermann und ich zusammen Fußball: das Skandalduell im Europapokal der Landesmeister zwischen Borussia Mönchengladbach und Inter Mailand 1971, als der wunderbar herausgespielte 7:1-Sieg der Borussia wegen des ominösen Büchsenwurfs auf den italienischen Laienschauspieler Roberto Boninsegna annulliert wurde; das Europameisterschafts-Viertelfinale 1972 im Londoner Wembley-Stadion, in dem Günter Netzer aus der Tiefe des Raumes nach vorne stürmte und der häufig als beste deutsche Nationalmannschaft aller Zeiten bezeichneten Elf von Bundestrainer Helmut Schön der erste Sieg auf englischem Boden glückte; und das Europapokal-Achtelfinale der Saison 1973/74, als der FC Bayern auf seinem Weg zu seinem ersten Triumph im Wettbewerb der Landesmeister DDR-Titelträger Dynamo Dresden ausschaltete. Dabei spielte ein Mann die beste Viertelstunde seines gesamten Fußballerlebens: Uli Hoeneß, im Januar 1952 geborener Sohn eines Ulmer Metzgermeisters.

Nach 17 Jahren Europapokal hatte das Los erstmals die Meister der beiden deutschen Staaten zusammengeführt. Das mit großer Spannung erwartete Duell war im Vorfeld zu einer Art sportlicher Klassenkampf hochstilisiert oder, wie es ein früherer Darmstädter, Hamburger, Kaiserslauterer, Münchner, Kölner, Bremer, Bielefelder und Karlsruher

Torjäger und späterer Trainer in Darmstadt, Fürth, Leverkusen, Hamburg, Stuttgart, wieder Hamburg und Wolfsburg - wie er wohl heißt, dieser Mann? - einmal ausdrückte, „hochsterilisiert" worden.

Die Bayern hatten in der ersten Runde die Schweden von Atvidabergs FF erst mit viel Glück nach Elfmeterschießen ausgeschaltet, Dynamo sich überraschend gegen den Vorjahresfinalisten Juventus Turin durchgesetzt. Auch in der Bundesliga lief es nicht rund. Satte 13 Gegentore hatte sich Nationaltorhüter Sepp Maier in den drei Punktspielen vor dem ersten Treffen mit Dynamo eingefangen, davon allein sieben bei der historischen 4:7-Klatsche auf dem Kaiserslauterer Betzenberg nach einer 4:1-Führung.

Das Hinspiel am 24. Oktober 1973. 50.000 Zuschauer im Olympiastadion, darunter 1.000 von der SED-Führung sorgsam ausgewählte, am Spieltag mit einem Sonderzug angereiste Dresdner Anhänger, rieben sich die Augen, als Dynamo mit forschem Angriffsfußball die Münchner Abwehr von einer Verlegenheit in die nächste stürzte, zur Halbzeit 3:2 führte und schließlich nur mit 3:4 unterlag. Vor dem Rückspiel exakt zwei Wochen später ging die Angst um in den Reihen der Bayern, die, angeblich aus Furcht vor einer Vergiftung ihres Essens, im bundesdeutschen Hof statt - wie von der UEFA vorgeschrieben - am Spielort Dresden übernachteten.

Im Rudolf-Harbig-Stadion Dynamos trumpfte der von Trainer Udo Lattek in der Sturmspitze aufgebotene Uli Hoeneß in den ersten 15 Minuten auf wie nie zuvor und wohl auch nie danach in seiner Karriere. Viermal schüttelte der 1,81 Meter große Blonde alle Abwehrspieler mit langen, unwiderstehlichen Sprints ab und steuerte allein auf das von Claus Boden gehütete Dynamo-Tor zu. Einmal misslang sein Querpass zum mitgelaufenen Gerd Müller, einmal wurde er vom Dynamo-Schlussmann von den Beinen geholt, ohne dass der fällige Elfmeterpfiff ertönte, zweimal traf er ins Tor, 0:1, 0:2.

Am Ende der 90 Fernsehminuten war ich dennoch nass geschwitzt vor Aufregung: Dynamo hatte das Spiel zwischenzeitlich gedreht und mit 3:2 geführt, ehe Gerd Müller mit einem für ihn typischen Stochertor zum 3:3 die Bayern doch noch ins Viertelfinale schoss. „Hoeneß ist der beste deutsche Konterstürmer", fasste mein Vater zusammen, ehe er mich schlafen schickte.

Dass dieser überragende Konterstürmer bei der Weltmeisterschaft 1974 im letzten und entscheidenden Spiel der zweiten Finalrunde gegen

Polen in der 53. Minute mit einem Elfmeter an Torhüter Jan Tomaszewski scheiterte? Zu vergessen, Gerd Müller bügelte den Fauxpas mit seinem Tor des Tages eine Viertelstunde vor Schluss aus. Dass Hoeneß vier Tage später im Finale gegen die Niederlande schon nach 53 Sekunden den anstürmenden Johan Cruyff so ungeschickt umgrätschte, dass der englische Schiedsrichter John Taylor auf Elfmeter entscheiden musste? Zu vernachlässigen, Paul Breitner und erneut Gerd Müller machten Deutschland dennoch zum zweiten Mal zum Weltmeister. Dass er im Elfmeterschießen des Europameisterschaftsendspiels 1976 gegen die Tschechoslowakei den zweiten wichtigen Strafstoß seiner 35 Länderspiele umfassenden Nationalmannschaftskarriere in den Nachthimmel über Belgrad holzte? Zu verschmerzen angesichts der beiden großen Titel, die die Nationalelf mit ihm in der Stammformation 1972 und 1974 gewonnen hatte.

1978 dann sah ich Hoeneß erstmals live – im Trikot des 1. FC Nürnberg. Nach elf Begegnungen der Saison 1978/79 hatte der fränkische Bundesligaaufsteiger erst sieben Punkte und zwölf Tore auf seinem Konto und krebste auf Abstiegsplatz 17 herum. Auf der Jahreshauptversammlung am 30. Oktober 1978 landete Präsident Lothar Schmechtig den vermeintlich größten Coup seiner nur gut einjährigen Amtszeit, als er verkündete, „dass ich mich gestern mit meinem Münchner Kollegen Wilhelm Neudecker geeinigt habe: Uli Hoeneß spielt bis Saisonende beim Club".

Der gerade am Knie operierte Angreifer, der beim FC Bayern unter Trainer Gyula Lóránt keine Chance mehr sah, sollte, für 150.000 Mark ausgeliehen, mit seinen Toren die Tür zum Klassenerhalt wieder weiter aufstoßen. Minutenlang klatschten und johlten die nur 300 anwesenden Mitglieder, als Schmechtig anfügte, das Brutto-Monatsgehalt des Nationalspielers betrage nur 5.000 Mark.

Am folgenden Samstag strömten 55.998 Menschen, dazu mein Freund Rudi und ich, voller Vorfreude ins Nürnberger Städtische Stadion, um Hoeneß erstmals treffen und den Club gegen Schalke 04 siegen zu sehen. 90 Spielminuten später war der Rausch verflogen. Schon nach gut einer Viertelstunde hieß es 0:2, ein Ergebnis, das bis zum Abpfiff Bestand hatte.

Der Ernüchterung über den misslungenen Einstand folgten Monate der Enttäuschung. Hoeneß, nach seiner Verletzung ohne die Spritzigkeit und Schnelligkeit glorreicher 1973er Tage, ging bei elf Einsätzen leer aus. Mit einer dürftigen Leistung beim 1:2 im Nachholspiel in Bochum Mitte März verabschiedete er sich bereits knapp drei Monate vor Saisonende Richtung München, wo er auf den Stuhl des Managers kletterte. Schon als Club-Profi hatte Hoeneß einen Großteil seiner Zeit und Energie für seinen alten und neuen Arbeitgeber FC Bayern aufgewendet. „Heute Nürnberg, morgen Frankfurt, übermorgen München", kommentierte der *kicker*. „Konzentriert sich ein Spieler so auf den Abstiegskampf?"

Rund ein Jahr nach dem torlosen Abschied des Weltmeisters – der FCN war postwendend wieder abgestiegen – trat ich, ebenfalls in Nürnberg, mein Volontariat beim *kicker* an. Drei Jahre lang, bis zum Abstieg in die damals drittklassige Bayernliga, betreute ich die SpVgg Fürth, danach für ein Jahr den VfB Stuttgart, der in jener Saison prompt den ersten Meistertitel nach 32 Jahren einfuhr (nein, von einem direkten Zusammenhang will ich nicht reden!). Hoeneß hatte in dieser Zeit, im Februar 1982, als einziger von vier Insassen den nächtlichen Absturz eines zweimotorigen Propellerflugzeugs überlebt.

Von der Saison 1984/85 an berichtete ich über den FC Bayern, und somit auch über ihn. Noch vor sechs Jahren hätte ich an dieser Stelle gesagt: Ich lernte den Menschen hinter dem mit allen Wassern gewaschenen Manager kennen, der seinen Verein mit schlitzohriger Raffinesse, klugen strategischen Entscheidungen und einer Portion Glück – so, als ein finanziell klammer FCB seinen Stürmerstar Karl-Heinz Rummenigge 1984 für rund zehn Millionen Mark an Inter Mailand verkaufen konnte – zur unumstrittenen Nummer eins des deutschen Fußballs machte. Angesichts der von *Stern Online* im Januar 2013 enthüllten schlagzeilenträchtigen Steuerhinterziehungsaffäre und seiner Verurteilung zu einer dreieinhalbjährigen Freiheitsstrafe im März 2014, von der er rund die Hälfte absitzen musste, muss ich aber zugeben: Die dunkle Seite des Ulrich H. blieb auch mir verborgen.

Heute bemühe ich mich, das Thema Steuern beim Gedanken an ihn auszublenden. Wenn dies gelingt, erinnere ich mich an Begegnungen und Gespräche mit einem, wie Christoph Bausenwein in seiner Biografie *Das Prinzip Uli Hoeneß* schreibt, „ehrgeizigen Aufsteiger und umtriebigen Macher, bemühten Pädagogen und gewitzten Vermarkter, berechnenden Bauchmenschen und warmherzigen Moralisten" und an so manches bemerkenswerte Interview.

Ob nun gegen seine Lieblingsfeinde wie früher Willi Lemke, den langjährigen Werder-Manager, und Christoph Daum, den Trainer des 1. FC Köln, oder jüngst den Dortmunder Geschäftsführer Hans-Joachim Watzke, ob gegen eigene Trainer wie Jürgen Klinsmann und Louis van Gaal oder gegen einen Spieler wie Michael Ballack, als der in der Saison 2005/06 die erhoffte Unterschrift unter einen neuen langfristigen Vertrag in München verweigerte: Wenn er das Wohl, die Ehre oder die sportliche Vorherrschaft seines FC Bayern in Gefahr glaubte, teilte Hoeneß auch öffentlich schon mal kräftig aus. Bis zum plötzlichen Absacken des Niveaus seiner Äußerungen im Jahr 2018 – unsäglich seine Verunglimpfung Mesut Özils nach dem Debakel bei der Weltmeisterschaft in Russland oder, angesichts der Oktoberkrise des FC Bayern, seine Attacken auf die deutschen Medien – fand ich seine intelligente Scharfzüngigkeit, seine wohldurchdachten Provokationen stets sehr unterhaltsam.

In dem für mich beeindruckendsten Treffen mit ihm saßen wir zu viert am Tisch. Nach langer Vorbereitung und einer Vielzahl von Telefonaten war es meinem Freund und Kollegen Carlo Wild und mir gelungen, am 1. Dezember 1996, einem kalten Wintertag, nach dem Mittagessen zwei Männer voller Gegensätze zusammenzubringen: Hoeneß und Joschka Fischer, Spitzenpolitiker der Grünen. Im Stuttgarter Maritim-Hotel trafen wir uns vor dem abendlichen Bundesliga-Schlagerspiel des Tabellenersten, FC Bayern, beim Zweiten, dem VfB, zum Gespräch für eine im Januar 1997 erscheinende Sonderausgabe des *fußball-magazin.*

Bei Kaffee und Mineralwasser moderierten Carlo und ich einen höchst unterhaltsamen, zweistündigen Schlagabtausch zweier blitzgescheiter Medienprofis. Zunächst unterhielten sich die beiden so unterschiedlichen Schwergewichte doch tatsächlich über – ihr Gewicht. Fischer hatte in den vier Monaten zuvor 21 Kilogramm abgenommen („Radikalkur. Viermal die Woche ins Sportstudio, fünfmal laufen, einmal Fußball spielen"), Hoeneß immerhin acht: „Ich laufe fast jeden Morgen, ich bin fast süchtig. Doch erst, wenn ich noch zweieinhalb Kilo weghabe, erlaube ich mir wieder einen Rotwein zum Essen."

Nach diesem lockeren Aufgalopp bewegte sich das Gespräch Richtung Rasen. Fischer geißelte die zu hohen Gehälter im Fußball („Spitzensportler sind generell überbezahlt") sowie die Hummerschnittchen und den Champagner in den VIP-Räumen der Stadien. „Wenn der Fußball zu sehr durchgestylt wird", so der Vordenker der Grünen, „wenn nur noch Millionäre kicken, wenn am Ende die europäische Variante des American Football rauskommt, wo das Geld im Wesentlichen dominiert – und dahin scheint die Reise zu gehen –, dann wird der Fußball die große Emotion verlieren, und dann verliert er sich selbst."

Hoeneß widersprach nicht. Zum Hauptproblem des modernen Fußballs aber stempelte der Bayern-Manager, dass die „Herren Profis" heute „alles ohne entsprechenden Aufwand erreichen wollen". Also das große Geld verdienen, „aber auch übers Wochenende schnell irgendwohin fliegen und während der Woche bis morgens um drei weggehen wie jeder andere". Da stimme das Verhältnis nicht mehr, „denn das Gehalt der Spieler ist auch eine Entschädigung für entgangene Muße".

Irgendwann landeten wir bei der finanziellen Situation und der Zukunft der deutschen Vereine, und Hoeneß zeigte den Unterschied zwischen dem FC Bayern und den finanziell gebeutelten Spitzenklubs der Serie A auf. „Die Italiener haben deshalb große Probleme, weil sie ihre ganze Struktur auf Zuschauer- und Fernseheinnahmen aufgebaut haben", erklärte er. „Den Bereich Sponsoring und Merchandising haben sie verschlafen und die Gehälter nach oben geschraubt, zulasten der Zuschauer." Irgendwann seien die Ticketpreise explodiert. „Dies

Zwei Männer voller Gegensätze: Uli Hoeneß und Joschka Fischer
(aufmerksam lauschend: Carlo Wild und meine Wenigkeit).

haben die Leute nicht mehr akzeptiert", sodass nun in vielen Stadien
gähnende Leere herrsche.

Und die Münchner? „Bei uns darf der Zuschauer in der Südkurve
für vier Mark ins Stadion", sagte Hoeneß. „Wir haben 10.000 Dauerkar-
ten für je 100 Mark verkauft." Im Gegenzug sei die Zahlung von Millio-
nengehältern an die Spieler „überhaupt kein Problem" für einen Verein
wie den FC Bayern, „der jedes Jahr riesige Gewinne erwirtschaftet und
pünktlich seine Steuern zahlt".

Halt, stopp: Das Thema Steuern wollte ich ja ausblenden.

PS, damit die Geschichte nicht ganz so abrupt endet: Die Partie VfB
gegen Bayern am Abend unseres Interviews brachte nach Toren von
Mario Basler, der in der siebten Minute einen umstrittenen Handelfmeter zum 0:1 verwandelte, und Frank Verlaat zehn Minuten vor dem
Abpfiff ein 1:1-Unentschieden. Für eine Woche übernahm Bayer Leverkusen die Tabellenführung, musste sie jedoch schon am letzten Hin-

rundenspieltag nach einem 2:2 beim VfL Bochum wieder an den FC Bayern abgeben, der seinerseits Borussia Mönchengladbach mit 1:0 bezwang. Am Saisonende bejubelten Uli Hoeneß und seine Münchner mit zwei Punkten Vorsprung vor Bayer den Meistertitel, der VfB landete hinter Borussia Dortmund auf Rang vier. Joschka Fischer wurde knapp zwei Jahre später zum Außenminister und Vizekanzler der ersten rot-grünen Bundesregierung unter Bundeskanzler Gerhard Schröder ernannt.

KLINSMANN

DAS OMINÖSE FOTO

1988 wurde erstmals eine Fußballeuropameisterschaft in unserem Land ausgetragen. Auch England sowie Norwegen, Schweden und Dänemark gemeinsam hatten sich um die Ausrichtung beworben, Deutschland jedoch den Zuschlag erhalten. Die EM war für uns beide das erste Großereignis: Für mich (aus dramaturgischen Gründen ausnahmsweise zuerst genannt) als Reporter für den *kicker* bzw. das *fußball-magazin* und für ihn – Jürgen Klinsmann.

Beim 1:1 gegen Brasilien in Brasília am 12. Dezember 1987 hatte der blonde Stürmer seinen Einstand in der Nationalmannschaft gefeiert. Mit der Erfahrung von nur fünf Länderspielen, doch als frischgebackener Torschützenkönig der Bundesliga (19 Treffer, darunter sein spektakuläres Tor des Jahres per Fallrückzieher beim 3:0-Sieg des VfB Stuttgart gegen Bayern München) reiste der 23-Jährige zum EM-Turnier an. Neben dem Schwaben, der das Fußballeinmaleins beim SC Geislingen und bei den Stuttgarter Kickers erlernte, ehe er sich 1984 dem VfB anschloss, hatte Teamchef Franz Beckenbauer mit Rudi Völler von AS Rom, Frank Mill von Borussia Dortmund, Dieter Eckstein vom 1. FC Nürnberg und dem zwischen Mittelfeld und Angriff pendelnden Pierre Littbarski vom 1. FC Köln drei bis vier weitere Stürmer nominiert.

Mit Italien, Dänemark und Spanien hatte die deutsche Mannschaft eine alles andere als leichte Gruppe erwischt. Dies galt übrigens auch für uns Reporter: Mein Freund Klaus Reinhart, damals PR-Chef Deutschland des Sportartikelgiganten adidas, hatte parallel zur echten Europameisterschaft eine Journalisten-EM organisiert. Jeweils am Morgen der deutschen Partien traten wir, ausstaffiert mit nagelneuen Nationaltrikots, am Spielort gegen eine Auswahl des Gegners an. Unser Teamchef Martin Hägele, Sportressortleiter beim *Stern* und später Leiter Internationale Beziehungen beim FC Bayern, nominierte mich als Rechtsverteidiger für unsere drei Spiele. Wir besiegten Italien in Düsseldorf mit 8:0, verloren gegen eine mit drei Ex-Profis bestückte dänische Elf in Gelsenkirchen mit 1:6, nachdem wir bis zur 43. Minute mit 1:0 geführt hatten, und bezwangen Spanien in München mit 1:0. Europameister wurden, Kunststück, die Dänen.

Aber zurück zum richtigen Fußball. Nach einem glücklichen 1:1 zum Auftakt gegen Italien, bei dem vor allem das Sturmduo Klinsmann/Völler enttäuschte – der Treffer per Freistoß ging auf das Konto von Linksverteidiger Andreas Brehme –, gewann die deutsche Elf zwei Jahre nach dem verlorenen Gruppenspiel bei der WM in Mexiko gegen Dänemark mit 2:0; Klinsmann mit seinem zweiten Länderspieltor und Olaf Thon trafen. Im letzten Gruppenspiel schließlich, an einem traumhaften, warmen Freitagabend in München, erzielte der zuvor vielgescholtene Rudi Völler nach einer halben Stunde sein erstes Tor im Nationaltrikot nach 618 Minuten, und auch für den Treffer zum 2:0-Endstand in der 51. Minute zeichnete der Römer verantwortlich.

Es blieben seine einzigen Erfolgserlebnisse bei diesem Turnier, und auch Klinsmann konnte sich kein weiteres Mal in die Torschützenliste eintragen. Im Halbfinale gegen die Niederlande in Hamburg unterlag die Nationalelf trotz einer 1:0-Führung durch ein Elfmetertor von Kapitän Lothar Matthäus mit 1:2.

Abwechselnd wurden im deutschen Lager verschiedene Sündenböcke ausgemacht: der rumänische Schiedsrichter Ioan Igna, der dem Gegner einen äußerst zweifelhaften, von Jürgen Kohler an Marco van Basten verursachten und von Ronald Koeman verwandelten Strafstoß zugesprochen hatte; Torhüter Eike Immel vom VfB Stuttgart, der bei van Bastens Tor zum 1:2 in der 89. Minute nicht gut aussah – und prompt schon im folgenden WM-Qualifikationsspiel in Finnland durch den Kölner Bodo Illgner ersetzt wurde; und das unterkühlte, leidenschaftslose Hamburger Publikum. „Ich hätte gerne gesehen, wie das Spiel ausgegangen wäre, wenn wir ein Heimspiel gehabt hätten", stichelte der zum einzigen Mal während der EM von Beginn an aufgebotene Frank Mill nach dem Abpfiff.

Die große Chance, als erster Spieler seit dem Münchner Karl-Heinz Rummenigge 1981 den Titel des Bundesliga-Torschützenkönigs erfolgreich zu verteidigen, verpasste der 1988 erstmals zu Deutschlands Fußballer des Jahres gewählte Klinsmann in der Saison 1988/89. 17 Tore, so wenige wie nie zuvor und nur einmal danach, hätten gereicht, um gemeinsam mit dem Kölner Thomas Allofs und Roland Wohlfarth vom

Die deutsche Journalistenmannschaft
bei der EM 1988. Unten, Zweiter von rechts: der
Autor dieser Zeilen, im Zweitberuf robuster Rechtsverteidiger.

FC Bayern an der Spitze zu landen. Der blonde Jürgen traf aber nur
13-mal – zum einen wegen einer Bänderverletzung, die ihn zu Beginn
der Rückrunde zwei Monate lang mattsetzte, sodass er nur 25 Saisonspiele bestreiten konnte, zum anderen wegen der Gerüchte um seinen
Wechsel ins Ausland, die sich fast durch die gesamte Saison zogen und
seine flinken Beine schwer und schwerer werden ließen.

Dabei schien der Transferpoker im Winter 1988/89 bereits beendet.
„Klinsmann wechselt zu Atlético Madrid", verlautete es nicht mehr nur
hinter vorgehaltener Hand in Managerkreisen; auch gut informierte,
seriöse Berater wie der perfekt Spanisch sprechende Gerlinger Dirk
Lips hatten das Buch bereits zugeklappt.

Klinsmann selbst stritt jegliche Kontaktaufnahme so lange ab, bis
zunächst spanische, dann auch deutsche Zeitungen eine von ihm unter-
schriebene Bestätigung für das Präsidium des spanischen Spitzenklubs
abdruckten, in der der Stürmer großes Interesse an einem Wechsel
bekundete. Nach dem Auftauchen des Papiers sagte er Atlético ab.

Der Eindruck aber, dass die fünfte Saison des Torjägers beim Verein für Bewegungsspiele seine letzte bleiben würde, verfestigte sich
mit jedem Tag. Auch eine vom VfB initiierte „Klinsmann muss bleiben"-Kampagne der schwäbischen Wirtschaft verpuffte, weil, so der

Torjäger, „finanzielle Dinge für mich nicht im Vordergrund stehen". Im Januar dann pfiffen es die Spatzen von allen schwäbischen Dächern, dass sich Inter Mailand für drei Jahre seine Dienste gesichert hatte, der italienische Spitzenklub, bei dem seine beiden Nationalmannschaftskollegen Lothar Matthäus und Andreas Brehme schon seit 1988 dem Ball hinterherjagten.

Mein Freund Roland Dangelmaier, der 1985 nach vier Jahren als Volontär und Redakteur beim *kicker* in seinen ersten Beruf als Hauptschullehrer zurückgekehrt war und seither freiberuflich für das *fußball-magazin* arbeitete, und ich erwarteten eine entspannte Unterhaltung, als wir am Faschingsdienstag, dem 7. Februar 1989, zu einem Exklusivinterview mit Klinsmann nach Stuttgart reisten. Wir kannten den in Göppingen geborenen Angreifer aus vielen angenehmen, kurzweiligen Gesprächen nach Trainingseinheiten und Bundesligaspielen, und schließlich durften wir davon ausgehen, dass er – wie angekündigt – noch im Februar, vor der Veröffentlichung des Interviews in unserer März-Ausgabe, die Karten auf den Tisch legen und seinen Wechsel zu Inter bestätigen würde.

In den ersten Minuten unseres rund zweistündigen Gesprächs in der Klubgaststätte des VfB in der Mercedesstraße wirkte Klinsmann denn auch völlig „normal", aufgeschlossen und freundlich. In seinen Antworten ließ er keinen Zweifel an seinem bevorstehenden Wechsel, ohne diesen ausdrücklich zu bestätigen.

Plötzlich veränderte sich sein Verhalten. Der etwas andere Profi, der von sich behauptete, er sage stets, was er denke, wich häufig aus, maßregelte uns, wenn ihm eine Fragestellung unangenehm war, kanzelte andere als „blöd" ab. Nur ein Beispiel: „Sie gehen gerne unters Volk. Was sind denn beispielsweise in Ihrer Clique in Geislingen so die gängigen Vorurteile über Bundesligaprofis?" Antwort: „Darüber rede ich nicht. Irgendwo geht der Vorhang runter. Die Clique ist Teil meines Privatlebens, und das schotte ich auch in Zukunft ab. Deshalb ist diese Frage ziemlich blöd."

So richtig unerquicklich wurde es, als uns Klinsmann den Ausdruck unseres fünfseitigen Gesprächs, den wir ihm wie gewünscht vorab zugefaxt hatten, zurückschickte. Fast alle Antworten, die seine Zukunft berührten, waren mehr oder weniger stark abgewandelt worden, und so las sich das Interview nach seinen „Korrekturen" widersprüchlich und rätselhaft.

fußball-magazin: „Sie sagen schon seit Wochen, dass Sie Ihre Entscheidung nun bald bekanntgeben wollen."

Klinsmann: „Die ständigen Fragen haben mich genervt, ich war im Kopf nicht mehr frei und wollte deshalb meinen Entschluss eigentlich schon Mitte Februar bekanntgeben, doch dann kam die Verletzung dazwischen."

fußball-magazin: „Also steht Ihr Entschluss zu gehen fest?"

Klinsmann: „Der Trainer kennt meinen Entschluss, dass ich eventuell gehen möchte." (Plötzlich stand es da, das Wörtchen „eventuell", das während des Interviews nicht gefallen war.)

fußball-magazin: „Sie sind Nationalspieler, und die Fans sind sicher nicht glücklich darüber, wenn die besten Leute ins Ausland abwandern. Das ist also ein nationales Thema."

Klinsmann: „Ich sehe das nicht so. Es geht ganz allein um mich, um mein Leben, das sich nun, bei einem Wechsel nach Italien, ganz erheblich verändern wird. Dort unten ist immer was los. Jedes Spiel ist ein Volksfest. Die besten Spieler der Welt spielen in Italien."

Er wisse, dass ihm kaum einer glauben werde, „aber mir geht es bei dem Wechsel zuallerletzt ums Geld", er sei auch mit dem zufrieden, was er in Stuttgart verdiene. „Für mich zählen rein die sportlichen Argumente. Die neue Mentalität, eine neue Sprache, das sind Dinge, die mich herausfordern. Bayern München war für mich nicht möglich, schon von meinem Naturell her. Außerdem: Was wäre da los gewesen in Deutschland? Für mich hieß die Alternative nur VfB oder Italien."

„Das Leben wird sich verändern" und „Die Alternative hieß VfB oder Italien". Die Entscheidung ist also doch längst gefallen?! Klinsmann: „Ich brauche Zeit. Ich will jetzt erst einmal meine Verletzung auskurieren und wieder fit werden."

Und so weiter und so fort, schlau konnte niemand werden aus seinen Aussagen. Dennoch formulierten wir die Antworten nach seinen Wünschen um und glaubten uns endlich am Ziel, als uns wenige Stunden vor Redaktionsschluss ein Anruf Klinsmanns erreichte – offenbar bei nochmaliger Durchsicht der Seiten hatte er ein Foto von sich mit seiner damaligen Freundin Andrea entdeckt. Woher wir das Bild hätten, schrie er wütend; es dürfe keinesfalls erscheinen, und wir hätten

JÜRGEN KLINSMANN

Geboren am 30.7.1964 in Göppingen

- ⚽ 108 Länderspiele, 47 Tore
- ⚽ 221 Bundesligaspiele für den VfB Stuttgart und Bayern München, 110 Tore
- ⚽ Vereine im Ausland: Inter Mailand, AS Monaco, Tottenham Hotspur, Sampdoria Genua, Orange County Blue Star
- ⚽ Weltmeister 1990
- ⚽ Europameister 1996, Vizeeuropameister 1992
- ⚽ Olympiadritter 1988
- ⚽ UEFA-Pokalsieger 1991, 1996
- ⚽ Deutscher Meister 1997
- ⚽ Deutschlands Fußballer des Jahres 1988, 1994
- ⚽ Englands Fußballer des Jahres 1995
- ⚽ Stationen als Trainer: Deutschland, Bayern München, USA
- ⚽ Erfolge als Trainer: WM-Dritter 2006

dafür zu sorgen, dass es auch niemals in einer anderen Zeitschrift auftauchen werde.

Der Schnappschuss des Ludwigsburger Pressefotografen Dieter Baumann, auf dem sowohl der Profi selbst als auch seine Andrea – wie wir fanden – gut getroffen waren, hatte mit Hunderten anderer Bilder in der Klinsmann-Mappe in unserem Fotoarchiv gelegen. Niemals wäre uns der Gedanke gekommen, dass er sich an diesem Foto stören könnte, und der Nationalspieler zeigte auch keinerlei gesteigertes Interesse, uns die Gründe für sein Verhalten zu erläutern.

In einem fast gleichzeitig erschienenen Interview des *Spiegel* ließ sich immerhin der Ansatz einer Erklärung erkennen. Angesprochen auf das ominöse Foto, wegen dem er Baumann sogar die Freundschaft gekündigt hatte, sagte er dort: „Die Öffentlichkeit hat kein Recht auf mein Privatleben, in keiner Weise. Ich will meine Wohnung nicht in der

Zeitung sehen und meine Freundin auch nicht. Meine private Sphäre gehört mir ganz allein."

Die Radikalität dieser Worte erschreckte uns, doch wir kamen seiner Forderung nach. In größter Eile ersetzten wir den Schnappschuss durch eine eher belanglose Spielszene, in allerletzter Sekunde landeten die fünf Seiten mit dem Interview in der Druckerei. Nur die Seite eins konnten wir nicht mehr verändern. Den Titel der März-Ausgabe unserer Zeitschrift zierte ein großes Foto des Stürmers mit VfB-Trainer Arie Haan, der beide Hände väterlich auf die Schultern seines Stars legt. Schlagzeile: „Darum zieht es mich nun nach Italien", Bildunterschrift: „Arie Haans Geste nutzt nichts mehr: Jürgen Klinsmann verlässt Stuttgart".

Ein paar Wochen später machte Klinsmann dem Versteckspiel ein Ende und verkündete, Riesenüberraschung, seinen Wechsel zu Inter. Sein großes Ziel, sich mit dem Gewinn des UEFA-Pokals aus Stuttgart zu verabschieden, verfehlte er; nach der 1:2-Hinspielniederlage bei Diego Maradonas SSC Neapel war das 3:3 im zweiten Finalspiel in Stuttgart zu wenig. Nach dem Abpfiff vergoss der blonde Stürmerstar so manche Träne. „Ein Erfolg wäre ein toller Abschluss gewesen", sagte er.

Abschluss, ein gutes Stichwort. Bei einigen Hefeweizen im Maulwurf, der Kneipe des glühenden VfB-Fans Andreas Göz in Stuttgart-Vaihingen, beschlossen Dangelmaier und ich, nie mehr eine Geschichte über Klinsmann zu schreiben.

Roland warf unseren Vorsatz auf Wunsch meines Chefredakteurs Wolfgang Rothenburger noch im selben Jahr über Bord. Schon im November 1989 besuchte er den Schwaben in Mailand, und wir veröffentlichten seine sehr schöne Reportage über die ersten Erfahrungen des nun wieder völlig entspannt auftretenden Schwaben in der neuen Heimat: „In Italien geht alles viel lockerer zu."

Ich selbst traf Klinsmann bei der Weltmeisterschaft 1990 in Italien wieder. Meine anfängliche kühle Zurückhaltung ihm gegenüber in den Vorrundenspielen gegen Jugoslawien, die Vereinigten Arabischen Emirate und Kolumbien legte ich am schwül-heißen Sonntagabend des 24. Juni ab. Im Achtelfinale gegen die Niederlande im Mailänder Giuseppe-Meazza-Stadion, in dem die *Oranje* eine Art Rasenkrieg anzettelte und vor allem Torhüter Hans van Breukelen und Mittelfeldspieler Frank Rijkaard eine hasserfüllte Fratze zeigten, machte Klinsmann das beste seiner 108 Länderspiele. Rannte nach dem lächerlichen Platzverweis für den von Rijkaard angespuckten Völler in der 21. Minute fast eine Stunde lang allein auf weiter Flur in der Sturmspitze, als gäbe es kein Morgen, rieb sich in zahllosen Zweikämpfen auf und markierte in der 51. Minute das wichtigste seiner 47 Tore im Nationaltrikot zum 1:0, als er nach einer Flanke Guido Buchwalds vom linken Flügel schneller schaltete als Abwehrspieler Berry van Aerle und den Ball an van Breukelen vorbei ins Netz spitzelte.

Deutschland gewann die Partie, in der ich mich aufgrund des grob unsportlichen Auftretens des Gegners so wenig als Journalist und so sehr als Fan der Nationalelf fühlte wie nie zuvor und nie danach in meinem Berufsleben, mit 2:1. In der Mixed Zone nach der Partie spürte ich keinerlei Groll mehr gegenüber Klinsmann, eher so etwas wie Bewunderung. „Trotz seiner beiden Tore gegen Jugoslawien und die Arabischen Emirate kam er bei dieser WM zunächst nicht in Schwung", schrieben wir tags darauf im *kicker*. „Gegen Holland nun platzte der Knoten, er zeigte eine Weltklasseleistung und erzielte den wichtigen Treffer zum 1:0."

Und obwohl er diesem, seinem dritten WM-Tor im weiteren Turnierverlauf kein weiteres mehr folgen ließ, war die Erinnerung an die Ereignisse rund um den 7. Februar 1989 spätestens nach dem 1:0-Endspielsieg der deutschen Nationalmannschaft gegen Argentinien endgültig verblasst. Klinsmann und der Ärger um ein Interview im *fußball-magazin* – war da was?

MICHAEL
KUTZOP

EIN ELFMETER UND KEIN BALL

In den 55 Jahren seit Einführung der Bundesliga 1963 bis zum Ende der Saison 2017/18 entschieden die Schiedsrichter genau 4.687-mal auf Elfmeter. Knapp 75 Prozent der Strafstöße wurden verwandelt, exakt 3.495-mal durften die Schützen nach ihrem Schuss jubeln. 1.192 Strafstöße hingegen landeten nicht im gegnerischen Tor.

1.192-mal gescheitert, 1.192-mal enttäuscht, und doch gibt es so etwas wie die Mutter aller verschossenen Elfmeter: den des Bremers Michael Kutzop in der Begegnung gegen Bayern München am 22. April 1986.

1986 – eine Zeit, in der noch keine alles und jeden schurigelnde Deutsche Fußball Liga existierte, keine privaten Fernseh- und Rundfunksender und auch keine Onlinemedien; in Ludwigshafen, Berlin und München waren soeben erst die ersten Kabelpilotprojekte entstanden. Vor Bundesligaspielen durftest du dich als schreibender Journalist bis unmittelbar vor dem Anpfiff auf der Laufbahn rund um das Rasenviereck aufhalten und an der Seitenlinie letzte kurze Informationsgespräche mit Trainern und Spielern führen, sofern diese dazu bereit waren.

An diesem lauen Dienstagabend im April 1986 mochte aber nicht einmal der sonst so presse- und auskunftsfreudige Fußballlehrer Udo Lattek vor dem Anpfiff angesprochen werden. Die Nervosität links und rechts der Mittellinie des mit 40.800 Zuschauern restlos ausverkauften Bremer Weserstadions ließ sich förmlich mit Händen greifen. Als Bayern-Reporter des *kicker* begleitete ich die Münchner zur vorletzten Partie einer der denkwürdigsten Spielzeiten in der Geschichte der Bundesliga.

Seit dem zweiten Spieltag und einem kernigen 8:2-Sieg im Nordderby gegen Hannover 96 führte Werder die Tabelle an und musste den Spitzenplatz lediglich nach einer 1:5-Klatsche bei Bayer Leverkusen am 13. Spieltag für eine Woche an die punktgleiche Borussia aus Mönchengladbach abtreten. Zur Winterpause trennten die von Otto

Rehhagel trainierten Bremer und den FC Bayern drei Punkte, und nun, vor dem 33. Spieltag, immer noch zwei. Ein Sieg gegen den direkten Verfolger aus München, und Werder dürfte sich zum zweiten Mal nach 1965 deutscher Meister nennen.

Mehr als 87 Minuten lang erlebten die Zuschauer ein verbissen geführtes Kampfspiel voll überbordender Emotionen. Die Ereignisse des Hinspiels, als sich der Münchner Søren Lerby in den ersten fünf Minuten ungestraft drei platzverweisreife Fouls leistete, Bayern-Kapitän Klaus Augenthaler mit einem harten Foul den Bremer Mittelstürmer Rudi Völler für ein halbes Jahr außer Gefecht setzte und Lothar Matthäus nach einem Tritt gegen Bruno Pezzey die Rote Karte sah, wirkten nach.

Über eine Stunde lang bestimmte Werder das Spielgeschehen. Jonny Otten, Bruno Pezzey, Norbert Meier und gleich mehrmals Frank Neubarth schafften es nicht, Jean-Marie Pfaff, den Belgier im Tor der Bayern, zu überwinden und das erlösende 1:0 zu erzielen.

In der 89. Minute dann bot sich den Norddeutschen die einmalige Chance. Nach einem Lupfer des erstmals seit der 1:3-Niederlage in München wieder einsatzfähigen und zehn Minuten zuvor für Norbert Meier eingewechselten Völler ins Gesicht Lerbys entschied Schiedsrichter Volker Roth auf Handelfmeter. Ein Fall für Werders Innenverteidiger Michael Kutzop, der bis dahin jeden seiner acht Strafstöße in der Bundesliga verwandelt hatte. (Und nach jenem 22. April bei acht weiteren Anläufen achtmal traf.)

Ein falscher Pfiff konnte Bremen zum Meister machen, das bis dahin nur brodelnde Weserstadion kochte über. Im Münchner Strafraum spielten sich tumultartige Szenen ab, die Bayern-Spieler gingen wutentbrannt auf den Unparteiischen los. Hinter ihrem Tor marschierte ein massives Polizeiaufgebot auf.

Ich nutzte das allgemeine Tohuwabohu, um blitzschnell (ist, wie erwähnt, mehr als drei Jahrzehnte her) von meinem Tribünenplatz aus die Treppen hinunterzurennen. Zu meiner eigenen Verblüffung gelang es mir, von den Ordnern gänzlich unbeachtet und unbehelligt, auf die Laufbahn vorzudringen, wo ich niederkauerte und sah, wie Latteks Co-Trainer Egon Coordes, den Gedanken des Fair Play verhöhnend, den Ball auf die Zuschauerränge drosch, um eine schnelle Ausführung des Elfmeters zu verhindern. Einen Ersatzball gab es damals im Innenraum eines Bundesligastadions nicht – heute, da zwischen acht und zwölf

Ein Pfostenschuss für die Ewigkeit: Michael Kutzops vergebener Elfmeter am vorletzten Spieltag der Saison 1985/86, der den Bremern die Meisterschaft kostete.

Balljungen am Rand des Rasens bei Einwürfen und anderen Spielunterbrechungen in Windeseile eine neue Kugel ins Spiel bringen, ein nicht mehr vorstellbares Szenario.

Während des endlos langen Wartens auf den Ball wurde der 1955 im polnischen Lubliniec geborene und 1984 von den Offenbacher Kickers nach Bremen gewechselte Kutzop von Bayern-Spielern geschubst und am Ohr gerissen, er wurde bespuckt und unflätig beschimpft. „Es kam mir vor wie eine halbe Ewigkeit", sagte er irgendwann später. „Vielleicht hatte ich zu viel Zeit zum Nachdenken."

Gut einaienhalb Minuten verstrichen, bis der Ball endlich bei ihm landete. Zwei-, dreimal drehte er ihn in seinen Händen, dann legte er ihn auf den Punkt. Der sicherste Schütze der Bundesliga lief an. Plötzlich stockte er, wartete einen kurzen Augenblick, schaute auf Jean-Marie Pfaff, den belgischen Nationaltorhüter im Kasten des FC Bayern. Der entschied sich für die aus seiner Sicht rechte Ecke, der Bremer zielte nach links.

Der Ball flog, Zehntelsekunden, dann machte es „Klatsch". Pfaff sprang hoch, die Bayern jubelten, der Bremer fasste sich in die blonde Mähne: Unfassbar, er hatte nur den Pfosten getroffen, von dort war der Ball – und mit ihm der Titel – ins Aus gerutscht.

Während Pfaff behauptet, das Geräusch – Leder prallt auf Aluminium – höre er noch heute („Herrlich!"), fiel Kutzop in ein tiefes Loch. Denn es kam, wie es kommen musste nach seinem Fehlschuss: Die Begegnung endete 0:0, vier Tage später, am letzten Spieltag, überrollten die Bayern Borussia Mönchengladbach mit 6:0, gleichzeitig ging Werder beim VfB Stuttgart mit 1:2 baden. Der deutsche Meister 1986 hieß Bayern München – erstmals wanderte die Schale in die Vitrinen eines Vereins, der die Tabelle während der gesamten Saison nicht ein einziges Mal angeführt hatte.

„Ich kann gar nicht beschreiben, was nach diesem Elfmeter in mir vorging", erzählte Kutzop Jahre danach. „In mir war eine fürchterliche Leere. Ich habe lange gebraucht, um mich zu finden und wieder an mich zu glauben. Ich hatte keine Geheimnummer, wildfremde Menschen klingelten mich nachts aus dem Bett, beschimpften mich und gaben mir die Schuld an der verpassten Meisterschaft. Und mir war klar, dass sie diese Szene noch in 20, 30 Jahren im Fernsehen zeigen würden. Zum Glück gingen wir damals unmittelbar nach der Saison auf Weltreise, und am Strand von Bali hat mich Otto Rehhagel zur Seite genommen und gesagt: ‚Michael, es gibt einen Fußballgott. Wenn Sie weiter hart arbeiten, wird er Sie belohnen.' Zwei Jahre später, 1988, wurde ich mit Werder deutscher Meister."

MICHAEL KUTZOP

Geboren am 24.3.1955 in Lubliniec/Polen

- ⚽ 152 Bundesligaspiele für Kickers Offenbach und Werder Bremen, 28 Tore
- ⚽ Deutscher Meister 1988

Doch zurück zum unvergesslichen 26. April 1986, zum Finale jener denkwürdigen Saison. Unmittelbar nach Ende der Partie gegen Mönchengladbach stieg in den Katakomben des Münchner Olympiastadions eine spontane, feucht-fröhliche Meisterschaftsfeier. Völlig losgelöst ließen die Bayern die Champagnerkorken knallen. Hansi Flick und Ludwig Kögl, zwei erfrischend natürliche, unverdorbene Spieler der jungen Generation, zogen mich in die Kabine der Bayern hinein und forderten mich auf, mit ihnen auf den Triumph anzustoßen.

Schnell leerten wir das erste Glas, obwohl ich angesichts der hässlichen Szenen vor Kutzops Elfmeter lieber Werder als neuen Titelträger gesehen hätte. Kögl schenkte nach und wieder nach, und eine halbe Stunde nach dem letzten Pfiff erschien mir mein Beruf als der schönste der Welt.

Mit den Meisterspielern in der Kabine Champagner trinken – sogar das durfte man damals noch.

PHILIPP
LAHM
SAURES BIER MIT 21,6 PROZENT

Anfang Juni 2018, eine Woche vor Beginn der Weltmeisterschaft in Russland, richtete die Hochschule im mittelfränkischen Ansbach eine große WM-Veranstaltung aus. Dr. Jana Wiske, vor Ideen sprühende Professorin im Studiengang Ressortjournalismus, hatte ein pralles, achtstündiges Programm mit hochkarätigen Gästen auf die Beine gestellt. Harald Stenger, der langjährige Pressesprecher des Deutschen Fußball-Bundes, plauderte im Auditorium über die medialen Abläufe während einer Weltmeisterschaft. Der in Brasilien geborene frühere deutsche Nationalspieler Cacau, mittlerweile Integrationsbeauftragter des DFB, las vier Kapitel aus seiner zusammen mit der Münchner Journalistin Elisabeth Schlammerl verfassten Biografie *Cacau – Immer den Blick nach oben*.

Als Höhepunkt des Tages verlieh Präsidentin Prof. Dr. Ute Ambrosius den erstmals ausgelobten, mit 2.500 Euro dotierten Bildungspreis der Hochschule an den Kapitän der deutschen Weltmeistermannschaft von 2014, Philipp Lahm, und kündigte an, dass einer der Hörsäle auf dem Campus ein Jahr lang seinen Namen tragen werde. Der Preisträger, selbst nicht vor Ort, bedankte sich mit einer ausführlichen Videobotschaft. Pierre Littbarski, Weltmeister von 1990, hielt die Laudatio und erklärte, Lahm setze seine Popularität in außergewöhnlichem Maß für Bildungsprojekte ein; seine 2007 gegründete Stiftung ebne Kindern und Jugendlichen aus unterprivilegierten Familien in Deutschland und Südafrika den Weg für eine persönlichkeitsbildende, aber auch akademische Weiterentwicklung. Und sagte dann – ebenso wie Cacau übrigens – voraus, dass die deutsche Nationalelf bei der WM in Russland eine sehr gute Rolle spielen und mindestens bis ins Halbfinale vordringen werde. Nun ja, das ist eine andere Geschichte.

Nach Ende der Veranstaltung lief ich noch einmal vorbei am neuen Philipp-Lahm-Hörsaal, an dessen Tür ein Foto des 113-maligen

Nationalspielers angebracht worden war. Ich betrachtete es lange, das Bild eines Spielers, der acht deutsche Meisterschaften, sechs DFB-Pokalsiege, den Champions-League-Triumph 2013 durch das 2:1 im deutschen Finale gegen Borussia Dortmund in Wembley und, die Krönung, den WM-Titel 2014 abgeräumt hatte. Meine Gedanken wanderten eineinhalb Jahrzehnte zurück, in die Zeit, da ein weitgehend unbekannter Fußballprofi namens Philipp Lahm erstmals in der Bundesliga auftauchte.

Noch im Frühjahr 2003 kickte der nur 1,70 Meter große Abwehrspieler so gut wie unbeachtet in seiner Heimatstadt München bei den Amateuren des FC Bayern in der Regionalliga. Er spielte auf der rechten Seite der Viererabwehrkette, zentral-defensiv oder im rechten Mittelfeld. „Ich hatte zwei gute Jahre dort", erzählte er mir in unserem ersten größeren *kicker*-Interview im Frühjahr 2004.

Nur, keinen schien's zu interessieren. Bayerns Profitrainer Ottmar Hitzfeld setzte den technisch und taktisch hervorragend geschulten, ballsicheren, schnellen, zweikampf- und dribbelstarken Defensivspezialisten nur ein einziges Mal in seiner Mannschaft ein: Beim 3:3 im

PHILIPP LAHM

Geboren am 11.11.1983 in München

- 113 Länderspiele, 5 Tore
- 385 Bundesligaspiele für den VfB Stuttgart und Bayern München, 14 Tore
- Weltmeister 2014, WM-Dritter 2006 und 2010
- Vizeeuropameister 2008
- FIFA-Klubweltmeister 2013
- Champions-League-Sieger 2013
- Deutscher Meister 2006, 2008, 2010, 2013, 2014, 2015, 2016, 2017
- DFB-Pokalsieger 2006, 2008, 2010, 2013, 2014, 2016
- Deutschlands Fußballer des Jahres 2017

bedeutungslosen letzten Gruppenspiel der Champions-League-Saison 2002/03 gegen RC Lens wurde Lahm in der zweiten Minute der Nachspielzeit für Markus Feulner eingewechselt. „Dabei", erinnert sich sein Amateurtrainer Hermann Gerland, „dachte ich immer, wenn ich ihn so gesehen habe: Der hat schon im Mutterleib Fußball gespielt."

Gerland war es auch, der seinen Schützling vor der Saison 2003/04 in der Bundesliga feilbot wie saures Bier. Lahm sei zu gut für ein drittes Jahr in der Drittklassigkeit, meinte der heutige sportliche Leiter des Nachwuchsleistungszentrums des FC Bayern und handelte sich doch eine Absage nach der anderen ein, von Hannovers Trainer Ralf Rangnick etwa, der erklärte, er habe in Altin Lala den gleichen Spielertyp bereits in seinem Kader. Erst Felix Magath, Teammanager des VfB Stuttgart, nahm Gerlands Empfehlung an und lieh das Talent, das in München noch einen Vertrag bis 2007 besaß, für zwei Jahre und eine Gebühr von nur 200.000 Euro aus.

Mein Freund Jochen Schneider arbeitete damals als Assistent des Vorstands beim VfB, danach bis März 2015 als dessen Sportdirektor. So weit, so gut. Im Oktober 2015 aber wechselte er als „Coordinator Sport Global Soccer" zum Dosengetränkehersteller Red Bull, arbeitete dann ab Juli 2017 als Leiter Sport und Internationalisierung beim Bundesligisten RB Leipzig – schon unglaublich, was eine Männerfreundschaft so alles aushalten kann. Schneider, der Ende Februar 2019 überraschend zum neuen Sportvorstand des FC Schalke 04 ernannt wurde, erinnert sich gut an seine erste Begegnung mit Lahm.

„Es war beim Endspiel um die deutsche A-Jugendmeisterschaft 2002", erzählt der 48-Jährige, in Unterhaching traf der VfB auf den FC Bayern. Seine kurze Rede beim gemeinsamen Bankett am Vorabend der Partie, einen trockenen Text, las Stuttgarts Kapitän, Torhüter Milan Jurković, von einem Blatt Papier ab, während der Spielführer der Bayern, ein gewisser Philipp Lahm, unterhaltsam und frei von der Leber weg redete. Schneiders erster Gedanke: „Was ist denn das für ein pfiffiges Kerlchen?!"

Die Bayern gewannen mit 4:0, und ein Jahr später wechselte das pfiffige Kerlchen zum Verein für Bewegungsspiele – der Beginn einer märchenhaften Erfolgsgeschichte. Lahm, den Magath zunächst als Alternative zu Nationalspieler Andreas Hinkel auf der rechten Abwehrseite betrachtete, kam am sechsten Spieltag in der Partie gegen Borussia Dortmund erstmals von Beginn an zum Einsatz, als Rechtsfüßer auf der linken Seite der Abwehrkette, wo er Ex-Nationalspieler Heiko Gerber ersetzte, und belebte das VfB-Spiel von der ersten Minute an. Die Schwaben gewannen nach einem Treffer von Kevin Kurányi mit 1:0, und der Neuzugang gab seinen Platz nicht mehr preis.

Wo er am 26. Mai 1999 als Jugendspieler des FC Bayern noch gelitten hatte, als die Münchner im Champions-League-Finale gegen Manchester United die Mutter aller Niederlagen kassierten, da trat er am 1. Oktober 2003 mit dem VfB in der Gruppenphase der Champions League plötzlich selbst gegen die Engländer an und traf dabei auf den genialen Ryan Giggs. Ohne Scheu vor großen Namen überzeugte Lahm auch in dieser Begegnung. Der VfB siegte mit 2:1 und erreichte schließlich das Achtelfinale, wo die Schwaben unglücklich (0:1 und 0:0) am FC Chelsea scheiterten.

„Klar hatte ich Respekt", bekannte er damals, „aber Angst habe ich nie." Wer Angst habe im Fußball, „der soll zu Hause bleiben".

Lahm fuhr von da an mit, überall hin, auch nach nur einer Bundesligasaison zur Europameisterschaft 2004 in Portugal. Dort bestritt er nach seinem Länderspieldebüt am 18. Februar 2004 beim 2:1-Sieg in Kroatien die drei Gruppenspiele der deutschen Nationalmannschaft gegen die Niederlande (1:1), Lettland (0:0) und Tschechien (1:2), ohne das Aus schon in der Vorrunde abwenden zu können.

Der Senkrechtstarter ließ sich weder von einem Ermüdungsbruch im Mittelfuß noch von einem Kreuzbandriss aufhalten, kehrte nach Ende seiner zweijährigen Ausleihe zu den Bayern zurück und entwickelte sich zur festen Größe – bei den Münchnern genau wie in der Nationalmannschaft, wo er rechter oder linker Verteidiger oder auch im defensiven Mittelfeld spielte. „Meine Lieblingsposition ist auf dem Platz", sagte er schon in unserem Interview 2004 mit einem verschmitzten Lächeln. „Rechts ist es ohnehin das Gleiche wie links, nur auf der anderen Seite."

Nun ist es im Mittelfeld sicherlich nicht das Gleiche wie hinten in der Abwehr, nur weiter vorne. Doch zumindest in den ersten Jahren seiner Karriere – dies sollte sich später, gerade vor und während der Weltmeisterschaft 2014, ändern – spielte Lahm ohne zu murren „dort, wo der Trainer mich hinstellt". Nicht zuletzt aufgrund dieser Einstellung und eines ausgeprägten Siegeswillens eilte er mit den Bayern von Erfolg zu Erfolg. Acht Meistertitel machen ihn heute gemeinsam mit Oliver Kahn, Mehmet Scholl, Bastian Schweinsteiger und Franck Ribéry zu Deutschlands Rekordspieler.

Mit der Nationalmannschaft wurde er Dritter bei der Weltmeisterschaft 2006 und Zweiter bei der EM 2008. Nach der Verletzung Michael Ballacks vor der WM 2010 übernahm er dessen Amt als Spielführer und musste es auch nach der Genesung des „Capitano" nicht mehr abgeben – dank seines guten Drahts zu Bundestrainer Joachim Löw, des mit Rang drei annehmbaren Abschneidens in Südafrika und einer geschickten Öffentlichkeitsarbeit („Wenn man einmal Kapitän ist, will man es auch bleiben").

Bei der Weltmeisterschaft in Brasilien 2014 krönte er seine Karriere mit dem Titelgewinn. Das Bild, wie er als kleinster Spieler der deutschen Mannschaft nach dem Endspielsieg gegen Argentinien den stattlichen WM-Pokal in die Luft stemmt, ging um die Welt und veranlasste Stephan Reich in seinem sehr unterhaltsamen Buch *Die Berechnung der Blutgrätsche* zu einer witzigen Rätselfrage: „Lahm ist 170 Zentimeter, der WM-Pokal 36,8 Zentimeter groß. Wie viel Prozent seiner Körpergröße hielt Lahm am Abend des 13. Juli 2014 in den Nachthimmel von Rio?" Richtige Antwort, klar: rund 21,6 Prozent.

Nach dem WM-Finale, seinem 113. Länderspiel, trat er aus der Nationalmannschaft zurück. Anders als seine drei Vorgänger als Spielführer einer deutschen Weltmeisterelf, Fritz Walter, Franz Beckenbauer und Lothar Matthäus, ging Lahm auf dem absoluten Höhepunkt. Vor ihm hatten es nur die beiden italienischen Torhüter Giampiero Combi (1934) und Dino Zoff (1982) gewagt – oder besser geschafft? –, als Kapitän ihrer Mannschaft das Nationaltrikot unmittelbar nach dem Gewinn einer WM auszuziehen.

Im Verein, mit dem FC Bayern, aber reihte er bis zu seinem Rückzug ins Privatleben 2017 weiter Titel an Titel, und auch danach jagte eine Auszeichnung die andere: Beim außerordentlichen DFB-Bundestag am 8. Dezember 2017 wurde er für seine Verdienste um die deutsche Nationalmannschaft zu deren sechstem Ehrenspielführer ernannt – nach Fritz Walter, Uwe Seeler, Franz Beckenbauer, Jürgen Klinsmann und Lothar Matthäus –, beim 37. Sportpresseball im November 2018 in Frankfurt als „Legende des Sports" ausgezeichnet.

Bisweilen schaffte es das „pfiffige Kerlchen" auch, eine Prise Leichtigkeit in das globale Milliardengeschäft Profifußball zu streuen. Im Januar 2018 erhielt der am 11. November, dem Tag des Karnevalauftakts, geborene Lahm den Humorpreis der Münchner Faschingsgesellschaft Narrhalla, den Karl-Valentin-Orden – für einen Satz, den er nach dem

Weltmeister 2014! 21,6 Prozent seiner Körpergröße hält
Philipp Lahm hier in den Nachthimmel von Rio.

Länderspiel gegen die Vereinigten Arabischen Emirate im Juni 2009 angesichts der großen Hitze in Dubai ausgesprochen hatte: „Am meisten Luft hatte der Ball." (Übrigens hatte die deutsche Mannschaft trotz ihrer Atemnöte nach vier Toren von Mario Gómez mit 7:2 gewonnen.)

Nachdem er auch das Bayern-Trikot abgelegt hatte, konzentrierte sich der Weltmeister zunächst auf seine Philipp-Lahm-Stiftung und seine diversen unternehmerischen Aktivitäten; seit August 2017 grüßt er als alleiniger Gesellschafter der Firma Sixtus für natürliche Körperpflegeprodukte, seit Anfang 2018 hält er auch die Mehrheit am Ernährungsspezialisten Schneekoppe. Doch nun ruft der Deutsche Fußball-Bund: Im September 2018 gewann Deutschland das Duell mit der Türkei um die Ausrichtung der Europameisterschaft 2024, und Lahm, Botschafter der deutschen Bewerbung, soll zum Chef des EM-Organisationskomitees aufsteigen. Auch als Geschäftsführer in einer neu gegründeten Gesellschaft für die Vorbereitung der paneuropäischen EM 2020 mit vier Spielen in München und der EM 2024 wird er heiß gehandelt.

„Die Arbeit für den DFB ist für mich eine große Ehre", sagt er. „Das ist eine große und herausfordernde Aufgabe für die nächsten Jahre."

Die zweite Karriere eines der ganz Großen des deutschen Fußballs, sie hat begonnen. Anders als in Lahms Anfangstagen als Profi in der Bundesliga aber wird jeder seiner Schritte nun sehr aufmerksam verfolgt – nicht nur von den Studenten an der Hochschule in Ansbach.

UDO
LATTEK

DER STAR DES MONATS

Allzu häufig sind sie nicht überliefert, die letzten Worte, die am Grab eines Prominenten gesprochen werden. Den bemerkenswerten Satz, mit dem Pfarrer Bernhard Alshut im August 2003 in der St.-Elisabeth-Kirche in Essen-Frohnhausen die Trauerfeier für den nach langer Krankheit kurz vor seinem 74. Geburtstag verstorbenen Helmut Rahn eröffnete, kennen wir. „Helmut Rahn", sagte der Geistliche vor einer Trauergemeinde von mehreren Hundert Menschen, „das war mehr als jene berühmte Sekunde."

Jene Sekunde am 4. Juli 1954, als der Außenstürmer von Rot-Weiss Essen im 14. seiner 40 Länderspiele in der 84. Minute des Weltmeisterschaftsfinales Deutschland gegen Ungarn im Berner Wankdorfstadion rund 18 Meter vor dem Tor in halbrechter Position an den Ball kam, kurz einen Pass auf den im Strafraum postierten Mittelstürmer Ottmar Walter andeutete, einen Verteidiger aussteigen ließ und mit dem linken Fuß am ungarischen Torhüter Gyula Grosics vorbei ins linke untere Eck einschoss – das legendäre Siegtor zum 3:2, das der deutschen Nationalmannschaft den ersten ihrer vier Weltmeistertitel bescherte.

Der Angreifer, dessen berühmtester Treffer einer ganzen Nation ihr verloren gegangenes Selbstbewusstsein zurückgab, wurde rund ein Jahr nach dem Tod von Mannschaftskapitän Fritz Walter, bei der WM in der Schweiz Rahns Zimmerkollege, auf dem Friedhof in Essen-Holsterhausen begraben.

Etwa 70 Kilometer entfernt ruht seit Februar 2015 ein Mann, der „nur" beim SSV Marienheide, einem damals noch reichlich bedeutungslosen Klub namens Bayer Leverkusen, beim VfR Wipperfürth und dem VfL Osnabrück stürmte. Auf dessen Beerdigung in Köln-Weiden jedoch Dr. Reinhard Rauball, der Präsident des deutschen Ligaverbandes und Aufsichtsratsvorsitzende der Deutschen Fußball Liga (DFL), die Trauerrede hielt und meinte: „Es ist ein ganz trauriger Tag. Wir verlieren einen ganz großen Trainer und Menschen."

Der große Udo Lattek – als Fußballer einer von vielen, als Fußballlehrer einmalig.

Der erfolgreichste Trainer in der Geschichte des deutschen Fußballs war als Zehnjähriger zu Beginn des letzten Kriegsjahres 1945 mit seiner Mutter auf dem Seeweg aus Ostpreußen geflüchtet. „Als die russischen Tiefflieger kamen und mit Bordkanonen auf uns schossen", erzählte er später, „hat sich meine Mutter über mich geworfen, um mich zu schützen. Wir sind über die Ostsee bis nach Aalborg in Dänemark gekommen und haben dort zweieinhalb Jahre in einem Gefangenenlager verbracht." In jener Zeit, so Lattek, habe er viel gelernt, „auch, dass es immer weitergeht, wenn du denkst, alles Leben erstirbt".

1965 beendete der Amateurfußballer Lattek, der im richtigen Leben Mathematik und Physik fürs Lehramt studierte, nebenbei die Fußballlehrerlizenz erwarb und am Gymnasium Altenforst in Troisdorf als Sportlehrer arbeitete, seine aktive Karriere und nahm ein Angebot des Deutschen Fußball-Bundes an, die Jugend-Nationalmannschaft zu trainieren. 1966 zählte er zum Stab von Bundestrainer Helmut Schön bei der Weltmeisterschaft in England.

Vier Jahre später verließ er den DFB und folgte dem Ruf des FC Bayern – der Beginn einer einzigartigen Erfolgsgeschichte. Nach zähem Beginn brachen mit dem Gewinn des DFB-Pokals 1971 durch ein 2:1 nach Verlängerung gegen den 1. FC Köln alle Dämme. Lattek hamsterte Meisterschaften und Pokale und schaffte es als einziger Fußballlehrer neben dem Italiener Giovanni Trapattoni, sämtliche drei Europapokalwettbewerbe mindestens einmal zu gewinnen. Neben seinen trainerspezifischen Fähigkeiten, einer exzellenten Motivationskunst, genauer Menschenkenntnis und der Fähigkeit, seinen Spielern mit derben, ja drastischen Worten die ihm eigene Gier nach Erfolgen einzuimpfen, besaß Lattek auch das Gespür, zur richtigen Zeit am richtigen Ort zu sein.

1987 aber neigte sich seine Zeit auf der Trainerbank nach fünf Jahren beim FC Bayern, vier bei Borussia Mönchengladbach, kürzeren Zwischenstationen bei Borussia Dortmund und dem FC Barcelona sowie der Rückkehr nach München 1983 dem Ende zu. Obschon er drauf und dran war, den FC Bayern mit dem Gewinn des zehnten Meistertitels, Latteks achtem in der Bundesliga, zum Rekordmeister zu machen, verweigerte ihm Manager Uli Hoeneß den gewünschten neuen Zweijahresvertrag. So wusste die Fußballwelt schon Wochen vor dem Anpfiff des Finales des Europapokals der Landesmeister gegen den portugiesischen Titelträger FC Porto am 27. Mai 1987 in Wien, dass Lattek nach Saisonende als Sportdirektor zum 1. FC Köln wechseln würde.

Der Olympia-Verlag, in dem der *kicker* seit 1968 zweimal wöchentlich erscheint, gab in jenen Tagen der späten 1980er Jahre zusätzlich eine Monatszeitschrift namens *fußball-magazin* heraus, in der der Mensch hinter dem Profi in den Mittelpunkt gerückt wurde. Eine Rubrik des Magazins hieß „Fragen Sie Ihren Star". Jeweils in der Ausgabe zuvor kündigten wir an, welche prominente Persönlichkeit aus der Bundesliga oder der Nationalmannschaft im folgenden Monat den Lesern antworten würde, die daraufhin Post- oder Ansichtskarten mit ihren Fragen an uns schickten.

Für den Juni 1987 hatten wir aus aktuellem Anlass Lattek ausgewählt. In den Tagen vor Redaktionsschluss Ende Mai versuchte ich mehrmals, den Bayern-Trainer telefonisch zu erreichen – ohne Erfolg. Weil wir beide im Lauf seiner zweiten vier Jahre in München eine gute Beziehung zueinander aufgebaut hatten, wagte ich es, ihn als Star des Monats anzukündigen – ohne mit ihm gesprochen zu haben. „Keine Sorge, das erledige ich in der Nacht nach dem Europapokalfinale", sagte ich vor meiner Abfahrt nach Österreich zu Wolfgang Rothenburger, dem schon leicht beunruhigten Chefredakteur des *fußball-magazin*.

Wien, das Europapokalfinale gegen den FC Porto. Das Spiel, das ihm, so Lattek später, „die schlimmste Niederlage und größte Enttäuschung meines Trainerlebens" brachte. Die Bayern verloren überraschend mit 1:2, trotz der Unterstützung von fast 50.000 der 55.000 Zuschauer im Praterstadion, trotz einer 1:0-Halbzeitführung, trotz des – nach seiner eigenen Erinnerung – einzigen Kopfballtreffers in der Karriere des 1,70 Meter großen Münchner Flügelstürmers Ludwig Kögl: „I und a Kopfballtor, des hot's no nia ned gehm!"

In den ersten Stunden des nächtlichen Banketts der Bayern im Wiener Marriott-Hotel erschien es mir reichlich unpassend, den ganz offensichtlich nicht optimal gelaunten Lattek auf „Fragen Sie Ihren Star" anzusprechen. Und irgendwann war er dann von einer Sekunde zur anderen verschwunden. Ein uns bestens bekannter, glaubwürdiger Kollege erzählte uns, der Fußballlehrer habe sich vor seinen Augen mit einer vollen Flasche in der Hand verdrückt. Und so hieß es dann im „Protokoll einer Nacht der Enttäuschung" am Donnerstag im *kicker* unter 1.30 Uhr: „Die Stimmung steigt langsam, aber spürbar an. Udo Lattek hat seinen Platz an Tisch 1 zwischen Ehefrau Hildegard und der Gattin des früheren Bayern-Präsidenten Willi Neudecker längst verlassen und sich mit einer Flasche Trinkbarem auf sein Zimmer zurückgezogen."

Da die Bayern per Flugzeug, wir *kicker*-Redakteure jedoch mit dem Auto angereist waren, hatte ich keine Chance mehr, die delikate Angelegenheit am nächsten Morgen zu klären. Das *fußball-magazin* erschien, ohne dass der Fußballlehrer unserer Aktion zugestimmt hatte. „Ich rufe ihn in den nächsten Tagen an", sagte ich nach meiner Rückkehr zu Wolfgang Rothenburger, dem mittlerweile nicht mehr leicht beunruhigten, sondern höchst nervösen Chefredakteur.

Trotz Vermittlung der Pressestelle des FC Bayern misslang mein Vorhaben, Lattek in den Tagen nach dem Finale ans Telefon zu bekommen. Und am Montag nach dem Heimspiel des 32. Spieltags gegen Bayer

Uerdingen, in dem die Bayern durch ein mageres 2:2 ihren zehnten deutschen Meistertitel unter Dach und Fach gebracht hatten, traf mich dann der Hammer. Im ersten Teil seiner Meisterserie in der *Bild*-Zeitung schrieb Lattek doch wirklich, die für ihn größte Enttäuschung des Wiener Europapokalabends sei nicht die Niederlage an sich gewesen, „sondern die Meldung in einer Fachzeitschrift, ich wäre in der Nacht mit einer Flasche Schnaps auf mein Zimmer gegangen". In Wirklichkeit habe er das Bankett verlassen, weil er am Todestag seines sechs Jahre zuvor im Alter von 15 Jahren an Leukämie verstorbenen Sohnes Dirk für sich allein sein wollte.

Schlagartig wurde es auch mir flau in der Magengegend. Denn ob da nun „Trinkbares" oder „Schnaps" stand: Plötzlich wusste ich, warum Lattek in den Tagen zuvor kein gesteigertes Interesse gezeigt hatte, mit mir zu sprechen. „Ich fahre am Mittwoch nach München und rede mit ihm unter vier Augen", sagte ich zu Wolfgang Rothenburger, dem mittlerweile nicht mehr höchst nervösen, sondern völlig aufgelösten Chefredakteur.

Am Mittwochmorgen trudelte ich an der Säbener Straße ein, als die frischgebackenen deutschen Meister gerade bestens gelaunt zum lockeren Freizeitsport aufs Feld trabten. Der Einzige, der ins Schwitzen geriet im Lauf der nächsten Stunde, war ich – vor Nervosität. Endlich, die Spieler trollten sich in die Umkleidekabine, pochenden Herzens ging ich auf Lattek zu. Zunächst bellte er mich an, ich solle ihn „bloß in Ruhe lassen", nach kurzer Zeit aber erklärte er sich dann doch zu einem Gespräch bereit. Bei einer Tasse Kaffee nahm Lattek meine Entschuldigung für die offensichtliche Falschmeldung im „Protokoll einer Nacht" an und versprach schließlich, die Fragen der *fußball-magazin*-Leser am Abend vor dem vorletzten Saisonspiel in Stuttgart zu beantworten.

Mit einem Anruf in der Redaktion unmittelbar nach unserer Unterhaltung bewahrte ich Rothenburger vor weiteren gesundheitlichen Schäden, und zwei Tage später, am Vorabend des Münchner Auftritts in Stuttgart, traf ich Lattek wieder. Der Fußballlehrer hatte seinen Meisterspielern einen Ausflug ins schwäbische Nachtleben gestattet; bestens gelaunt empfing er mich in der Lobby des Schlosshotels Monrepos in Ludwigsburg.

Drei Stunden lang saßen wir bei Wein bzw. Mineralwasser – ich erinnere mich nicht mehr, wer was trank – zusammen, und in dem Wissen, dass er nach der Partie am folgenden Tag in Stuttgart nur noch ein einziges Mal, zum Saisonfinale im Olympiastadion gegen Schalke 04, neben seinem Co-Trainer Werner Olk auf der Bank der Bayern sitzen würde, lieferte Lattek auf fast jede Frage eine erstaunliche, schlagzeilenträchtige Antwort.

Frage: „Haben Sie eine Erklärung dafür, dass Borussia Mönchengladbach seit Ihrem Weggang 1979 keinen Titel mehr holte?"

Antwort: „Ich? Nein, da müssen Sie schon Jupp Heynckes fragen." (Anmerkung: Jupp Heynckes trat sowohl 1979 in Mönchengladbach als auch 1987 beim FC Bayern die Nachfolge Latteks an.)

Frage: „Stellen Sie sich vor, Sie könnten wählen: Entweder Toni Schumacher darf wieder beim 1. FC Köln spielen oder Pierre Littbarski kommt zurück. Wie würden Sie sich entscheiden?"

Antwort: „Für Kalle Rummenigge. Für Köln ist es gut, dass Schumacher weg ist." (Anmerkung: Der 76-malige Nationaltorhüter Toni Schumacher war nach der Veröffentlichung seines Buchs *Anpfiff* vom 1. FC Köln suspendiert worden und wechselte im Sommer 1987 zum Bundesligakonkurrenten Schalke 04.)

Frage: „Warum haben Sie Lothar Matthäus beim Europapokalfinale nicht ausgewechselt?"

Antwort: „Gegenfrage: Wen hätte ich denn einwechseln sollen? Uli Bayerschmidt?" (Anmerkung: Ein 20-jähriger Jungprofi aus dem eigenen Nachwuchs, den Lattek in jener Saison ein einziges Mal sieben Minuten lang eingesetzt hatte.)

Frage: „Wie haben Sie auf den Ausspruch Ihres früheren Torhüters Uli Sude reagiert, der sagte, ‚der Heiligenschein des Herrn Lattek geht mir langsam auf den Keks'?"

Antwort: „Dieser Ausspruch zeugt von einer unglaublichen Undankbarkeit. Ich habe Uli Sude damals aus dem Urwald nach Mönchengladbach geholt, und ausgerechnet der sagt dann so etwas. Wirklich unglaublich!" (Keine Anmerkung.)

Und so weiter und so fort. „Das ist das Beste, was wir in dieser Rubrik je hatten", frohlockte Wolfgang Rothenburger, als er meinen Artikel gelesen hatte. Den Kommentar, „Dann fragen wir die Stars ab sofort immer erst, wenn das Heft schon auf dem Markt ist", ersparte ich mir vorsichtshalber dennoch.

Den Vorsatz, seine Karriere beim 1. FC Köln ausklingen zu lassen, konnte Lattek nicht einhalten. Der Mann, der immer wieder betonte,

Fußball sei „wie eine Droge" für ihn, blieb seinem Sport als Chefkommentator des sport1-Vorgängersenders DSF verbunden, setzte sich 1992 noch einmal für sechs Monate auf die Trainerbank des FC Schalke 04 und ließ sich breitschlagen, als Borussia Dortmund im Abstiegskampf der Saison 1999/2000 einen erfahrenen Ratgeber an der Seite des Trainernovizen Matthias Sammer suchte. Das ungleiche Duo rettete den BVB vor dem Absturz. „Doch in diesen fünf Wochen", so Lattek, „habe ich deutlich gemerkt: Das ist nicht mehr meine Welt."

Endgültig Abschied von seiner Welt nahm Udo Lattek dann im Januar 2015. Als ihn die traurige Nachricht vom Tod des Trainers erreichte, twitterte Benedikt Höwedes, der Schalker Weltmeister von 2014, einen sehr schönen, berühmten letzten Satz: „Wenn im Himmel Fußball gespielt wird, dann ab sofort erfolgreich."

JOACHIM
LÖW

„WIR SIND NICHT DER TRAINER"

Joachim Löw hat Fehler gemacht im Jahr 2018, dies räumt er heute selbst ein. Seine „allergrößte Fehleinschätzung, mein allergrößter Fehler" sei es gewesen zu glauben, „mit diesem dominanten Spiel, mit diesem Ballbesitz, dass wir da zumindest durch die Vorrunde kommen." Hat, wie wir alle wissen, nicht geklappt. Ein glücklicher 2:1-Sieg gegen Schweden, herausgeschossen durch Toni Kroos in letzter Sekunde, eingerahmt von zwei Niederlagen gegen Mexiko (0:1) und Südkorea (0:2) – das nie erwartete, nein, nie für möglich gehaltene Aus des Titelverteidigers in der Vorrunde der Weltmeisterschaft in Russland.

„Fast schon arrogant" sei seine Einstellung gewesen, sagt der Mann, der seit fast 13 Jahren, seit dem Rücktritt Jürgen Klinsmanns nach der WM 2006 in Deutschland, die Geschicke der Nationalelf lenkt. „Ich wollte das auf die Spitze treiben und noch mehr perfektionieren", so Löw. „Ich hätte die Mannschaft schon vorbereiten müssen auf eine etwas stabilere, sichere Spielweise."

Trotz alarmierender Testspielergebnisse im Frühjahr, trotz eines mageren 1:1 in Düsseldorf gegen Spanien, einer 0:1-Niederlage gegen Brasilien in Berlin, einer 1:2-Schlappe gegen Österreich in Klagenfurt und der erbärmlichen Leistung beim 2:1-Sieg gegen Saudi-Arabien neun Tage vor WM-Beginn in Leverkusen „hatte Löw nicht wahrhaben wollen, dass seine langjährige Strategie decodiert war", schrieb Klaus Hoeltzenbein treffend in der *Süddeutschen Zeitung*. „Er hatte die jüngsten Erkenntnisse des Klubfußballs nicht auf sein Nationalteam übertragen."

In der Champions League hatten die mit ständigen, überraschenden Rhythmuswechseln in ihrem Spiel aufwartenden Königlichen von Real Madrid vier der fünf Titel zwischen 2014 und 2018 errungen und so das Ende der Dominanz des vom FC Barcelona erfundenen und von der spanischen Nationalmannschaft perfektionierten Tiki-Taka-

Kurzpass- und Ballbesitzfußballs eingeläutet. Bei der WM nun lagen die im Achtelfinale gegen Gastgeber Russland ausgeschiedenen Spanier, Weltmeister von 2010, in der Kategorie Ballbesitz mit 68,8 Prozent, aber auch Deutschland (67,3) und Argentinien (64,0) meilenweit vor dem neuen Weltmeister Frankreich (51,9). Auch bei den angekommenen Pässen hinkten die Franzosen (81,5 Prozent) der spanischen (91,0) und der deutschen Mannschaft (88,5) hinterher. *Les Bleus* stürmten mit überfallartigen Kontern über den superschnellen Kylian Mbappé und den leichtfüßigen Antoine Griezmann zu ihrem Triumph.

Auf eine weitergehende Analyse des grandiosen deutschen Scheiterns in Russland und des Abstiegs aus der A-Gruppe der neuen Nations League ohne einen einzigen Sieg in vier Spielen soll hier verzichtet werden, obwohl beispielsweise der Bonner Politologe Klaus Günther in *Der tödliche Pass*, dem „Magazin zur näheren Betrachtung des Fußballspiels", im November 2018 höchst interessante neue Ansätze lieferte. Jede Voraussage über Erfolg in einem Spiel und erst recht bei einem Turnier, schrieb er, täusche darüber hinweg, „dass immer Zufall im Spiel ist". Dieser Zufall könne auf jeder fußballerischen Qualitätsstufe zuschlagen, „daher kann man Weltmeister nicht lernen".

Fehler, Zufall, der arrogante Umgang von DFB-Präsident Reinhard Grindel und Nationalmannschaftsmanager Oliver Bierhoff mit der Affäre Erdoğan, die Nominierung und Aufstellung der falschen Spieler (Rolf Miller, meine Nummer eins unter Deutschlands Kabarettisten, witzelt in seinem neuen Programm *Obacht Miller:* „Der Sané war schon vor der WM so schnell, dass ihn der Löw nicht gesehen hat"), wie auch immer: Der Bundestrainer hat die Verantwortung für das schlechteste Abschneiden einer deutschen Nationalmannschaft seit ihrer ersten WM-Teilnahme 1934 übernommen, auch wenn er, anders als vielerorts erwartet, sein Amt nach dem Turnier nicht zur Verfügung stellte.

Auf die Nase gefallen ist er in Russland, wie bei der Aufarbeitung des Turniers im Sommer 2018 ans Tageslicht kam, offenbar nicht zuletzt wegen seines kameradschaftlichen Umgangs mit den Spielern. Seine freundschaftliche Art der Menschenführung war von Profis wie Chelseas Antonio Rüdiger, der mit einer Shisha-Pfeife im Gepäck im deutschen WM-Quartier in Watutinki aufkreuzte, auf dreiste und peinliche Weise ausgenutzt worden - eine Nachricht, die in mir sofort Erinnerungen weckte an die Ereignisse zwei Jahrzehnte zuvor in Stuttgart, Löws erster Trainerstation in Deutschland.

Der 1960 in Schönau im Schwarzwald geborene, als Profi mäßig erfolgreiche Löw (52 Bundesligaspiele für den VfB Stuttgart, Eintracht Frankfurt und den Karlsruher SC, sieben Tore) war nach zwei Jahren als Spielertrainer des schweizerischen FC Frauenfeld 1996 am Neckar gelandet. Ursprünglich war er als Assistent Rolf Fringers verpflichtet worden, unter dem er beim FC Schaffhausen gespielt hatte („Er war ein Trainer, der meinen Horizont als Spieler erweitert hat, vor allem in taktischer Hinsicht, in Sachen Strategie und Organisation. In dieser Phase habe ich begonnen, wie ein Trainer zu denken"). Nach dessen Berufung zum Trainer der Schweizer Nationalmannschaft rückte Löw aber eine knappe Woche vor Beginn der Saison 1996/97 zunächst interimsmäßig zum Cheftrainer auf.

Unter dem neuen Mann auf der Bank legten die Schwaben einen Traumstart hin. Nach sechs Spieltagen mit fünf Siegen und einem 1:1-Unentschieden in Dortmund thronte die Mannschaft um den glänzenden Libero und Kapitän Frank Verlaat und das alsbald „magisches Dreieck" getaufte überragende Offensivtrio Krassimir Balakow–Fredi Bobic–Giovane Élber mit 16 Punkten und stolzen 17:2 Toren an der Tabellenspitze. Mitte September wurde Löw, obschon von Präsident Gerhard Mayer-Vorfelder von Beginn an mit einer Portion Skepsis beäugt, offiziell befördert und mit einem Zweijahresvertrag ausgestattet.

Im seinem ersten Spiel als Cheftrainer setzte es zu Hause gegen Fortuna Düsseldorf überraschend die erste Niederlage, ein 0:2. Am Ende reichte es trotz des mitreißenden Offensivwirbels, den das magische Dreieck in vielen Spielen entfachte, trotz eindrucksvoller 78 Tore – zehn mehr als Meister Bayern München – nicht für den ganz großen Wurf, den fünften deutschen Meistertitel nach 1950, 1952, 1984 und 1992. Platz vier in der Bundesliga und der Gewinn des DFB-Pokals durch einen 2:0-Endspielsieg gegen Energie Cottbus in Berlin ließen Löws erstes Trainerjahr beim VfB aber mehr als versöhnlich ausklingen.

„Wir haben die Meisterschaft verloren, weil wir nicht klug genug gespielt haben", sagte mir Verlaat irgendwann im Lauf der langen Nacht nach dem Pokalfinale. Und so gab es mannschaftsintern denn auch heftige Diskussionen: Hat Löw in seinen Trainingseinheiten zu wenig Wert auf die Defensivarbeit, auf das Spiel gegen den Ball gelegt? „Nein", fügte Verlaat an, es gehe nicht darum, defensiver zu spielen, „sondern schneller von Offensive auf Defensive umzuschalten".

Im Sommer 1997 griff Bayern-Manager Uli Hoeneß zu seinem ebenso altbewährten wie im Grunde langweiligen Mittel der Schwächung eines aufstrebenden Konkurrenten und sprengte das magische Dreieck. Der Brasilianer Élber, zweifacher Torschütze im Pokalendspiel, wurde mittels einer Millionenofferte an die Isar gelockt; für ihn holte der VfB Jonathan Akpoborie von Hansa Rostock. Neben dem Nigerianer verpflichtete der VfB entgegen der Empfehlung des Mannschaftsrats um Verlaat, Bobic, Balakow und Torhüter Franz Wohlfahrt den Schweizer Nationalspieler Murat Yakin vom Grasshopper Club Zürich.

Auch ohne Élber peilte der VfB in der Saison 1997/98 die Meisterschaft an, doch vom ersten Spieltag an, an dem sich die Schwaben zu Hause mit einem mageren 1:1 gegen 1860 München begnügen mussten, lief es nicht rund. Obwohl der Acht-Millionen-Mark-Einkauf Yakin die hochgesteckten Erwartungen nicht erfüllen konnte, ließ ihn Löw immer wieder von Beginn an auflaufen, was zu Neid und Missgunst in der Mannschaft führte.

Schon nach einem glücklichen 0:0 im Heimspiel gegen Schalke 04 am 1. November und nur 19 Punkten aus den ersten 13 Spielen wackelte der Stuhl des Trainers bedenklich – mit einem 2:0-Sieg in Bochum zog er den Kopf noch einmal aus der Schlinge. Weil das letzte Spiel des Jahres in Leverkusen am 20. Spieltag jedoch ein 1:6-Debakel brachte, kehrte trotz des dritten Platzes in der Bundesliga und des Überwinterns im DFB-Pokal und im Europapokal der Pokalsieger über Weihnachten keine Ruhe ein.

Als auch noch Balakow, der wie manch anderer Spieler der Form der Vorsaison hinterherhechelte, im Januar 1998 nicht zuletzt wegen seiner offenen Feindschaft mit Yakin mit einem Vereinswechsel drohte („Murat schneidet mich, gibt mir keine Bälle und versucht selbst als Spielgestalter aufzutreten"), glich der Verein für Bewegungsspiele einem Pulverfass. Weil Präsident Mayer-Vorfelder zu diesem Zeitpunkt nicht in Stuttgart, sondern in Saudi-Arabien weilte und der designierte neue Sportdirektor Karlheinz Förster noch nicht inthronisiert war, lastete die gesamte Verantwortung auf den damals noch etwas schmaleren Schultern Löws.

Der versuchte, den Zwist auf seine Art zu bereinigen; statt dazwischenzuhauen, setzte er auf die Eigenverantwortlichkeit der Profis – und wurde enttäuscht. Während der Trainer seine Interessen zurückstellte und beispielsweise Mitte Februar auf einen Fortbildungslehrgang in der Schweiz verzichtete, lebte so mancher Spieler seinen Egoismus voll aus und fuhr schon mit der Golfausrüstung im Kofferraum zum Training vor. Eine einst gut funktionierende Mannschaft verkam mehr und mehr zu einem zerstrittenen Haufen.

Am 24. Spieltag, elf Tage nach einer 0:3-Pokalpleite beim FC Bayern nach deprimierender Vorstellung, rettete sich Löw durch ein 0:0 in Mönchengladbach noch einmal vor der Entlassung. Der VfB schaffte durch ein 1:1 im Hinspiel und einen 2:0-Rückspielsieg gegen Slavia Prag den Einzug ins Europapokalhalbfinale, doch nach einem 0:3-Heimdebakel abermals gegen Bayern am 27. Spieltag – mit acht Ausländern in der Anfangsformation stellte Löw einen neuen Bundesligarekord auf – begann es auf dem Cannstatter Wasen erneut zu brodeln.

Vor dem Auswärtsspiel bei Hertha BSC am 28. Spieltag traf ich mich in der Vereinsgaststätte des VfB zu einem Doppelinterview mit Frank Verlaat und Fredi Bobic – zwei charakterstarken Profis, die sowohl auf dem Spielfeld als auch abseits des Rasens eine Führungsrolle bekleideten.

Warum sie als Freunde des offenen Worts diesmal so lange geschwiegen hätten, fragte ich. „Wenn es Probleme gab, dann waren sie sportlicher Natur, also sind sie Sache des Trainers", entgegnete Verlaat, und Bobic ergänzte: „Wenn wir eingreifen sollen, dann muss jemand auf uns zukommen, sonst heißt es wieder: Die mischen sich überall ein. Wir sind nicht der Trainer." Also hätte Löw härter durchgreifen müssen? „Nächste Frage", antwortete Bobic vielsagend. „Würde ein neuer Trainer die Lage verbessern?" „Dazu können wir Spieler nichts sagen", erklärte Verlaat. (Nach Erscheinen des Gesprächs in unserer Donnerstagsausgabe wurden beide Spieler von der VfB-Führung zu einer Geldstrafe von je 10.000 Mark verdonnert, die sie auch akzeptierten.)

Noch am selben Abend erfuhr ich aus absolut sicherer Quelle, dass sich Mayer-Vorfelder, unabhängig von den weiteren Ergebnissen bis Saisonende, entschieden hatte, Löw nach dem letzten Saisonspiel vor die Tür zu setzen. Mit seiner Aussage, er habe den Eindruck, „dass es in der Mannschaft nicht stimmt, dass keine Mannschaft mehr da ist", stützte der Präsident diese Hintergrundinformation. „Am Saisonende ist Schluss", schrieb ich daraufhin im *kicker.* „Selbst ein Triumph im Europapokal der Pokalsieger und das Erreichen eines UEFA-Pokalplatzes würden Mayer-Vorfelder nicht mehr umstimmen: Joachim Löw wird keine Chance erhalten, seinen bis 1999 laufenden Vertrag zu erfüllen."

Löw selbst bekräftigte immer wieder, von nichts zu wissen, gab sich aber betont gelassen. „Ich kann durchaus noch ruhig schlafen", sagte er mir. „Der Präsident hat mir versichert, dass er noch mit keinem anderen Trainer gesprochen hat." Immerhin, die Zügel, die er eineinhalb Jahre lang betont locker in den Händen gehalten hatte, zog er plötzlich spürbar an; Gerhard Poschner und Marco Haber wurden aus dem Kader für das Berlin-Spiel gestrichen, weil sie den Zapfenstreich überzogen hatten.

Einer 0:3-Schlappe bei Hertha BSC folgte ein sonniger April; der VfB drang durch zwei Siege gegen Lokomotive Moskau (2:1 und 1:0) ins Europapokalfinale vor und holte in der Bundesliga acht von zwölf möglichen Punkten. Mayer-Vorfelder aber beackerte weiter den Boden für die längst in die Wege geleitete Ablösung des Trainers, indem er öffentlichkeitswirksam Kritik an dessen Aus- und Einwechslungen übte.

Nach einem 1:0-Erfolg gegen Werder Bremen am 34. Spieltag schlossen die Schwaben die Saison auf Platz vier ab und qualifizierten sich erneut für einen internationalen Wettbewerb, den UEFA-Pokal. Den Eiertanz um Löws Zukunft mochte Mayer-Vorfelder auch vor der letz-

JOACHIM LÖW

Geboren am 3.2.1960 in Schönau

- 52 Bundesligaspiele für den VfB Stuttgart, Eintracht Frankfurt und den Karlsruher SC, 7 Tore

- Stationen als Trainer: FC Winterthur (Jugend), FC Frauenfeld (Spielertrainer), VfB Stuttgart (Co-Trainer), VfB Stuttgart, Fenerbahçe Istanbul, Karlsruher SC, Adanaspor, FC Tirol Innsbruck, Austria Wien, Deutschland (Co-Trainer), Deutschland

- Erfolge als Trainer: Weltmeister 2014, WM-Dritter 2006 (als Assistent), 2010

- Vizeeuropameister 2008

- DFB-Pokalsieger 1997

- Österreichischer Meister 2002

ten Partie einer turbulenten Saison, dem Europapokalendspiel gegen den FC Chelsea, noch nicht beenden; mittlerweile freilich gingen alle Beobachter davon aus, dass Löw in Stockholm seinen letzten Auftritt als Trainer des VfB haben würde.

„Ich blicke immer positiv in die Zukunft", meinte der damals 38-Jährige am Tag vor dem Endspiel nur, „auch in meine eigene." Ein paar Wochen zuvor habe Mayer-Vorfelder bei einem Gespräch unter vier Augen betont, „dass du unser Trainer bist". Seitdem habe es keine weiteren Gespräche mehr gegeben, „also gehe ich davon aus, dass ich meinen Vertrag bis 1999 erfülle". Auch die Existenz eines heimlichen Stillschweigeabkommens bis nach dem Europapokalfinale bestritt er: „Es gibt und gab weder ein Abkommen noch irgendwelche Gespräche in diese Richtung."

Das Finale am 13. Mai 1998 im Råsundastadion. Mit Yakin als Ersatz für den gelbgesperrten Verlaat auf der Liberoposition konnte der VfB seine Chancen vor der Pause nicht nutzen; ein Tor des Sekunden zuvor eingewechselten Italieners Gianfranco Zola in der 71. Minute entschied die Partie schließlich zugunsten der von Spielertrainer (!) Gianluca Vialli betreuten Londoner.

Eine Woche nach dem Endspiel erhielt Löw, der bis zuletzt an eine weitere Zusammenarbeit mit den VfB-Profis geglaubt hatte, die Kündigung. Nach einer sorgfältigen Analyse der Situation sei „klar geworden, dass ein Neuanfang nötig ist", erklärte Mayer-Vorfelder und gab die Verpflichtung des langjährigen Karlsruher Trainers Winfried Schäfer bekannt – eine Wahl, die sich als kapitaler Fehler erweisen sollte.

„Ich hatte eine wunderbare Zeit in Stuttgart", sagte Löw zum Abschied und verlor kein einziges Wort über das unwürdige Spielchen der Stuttgarter Vereinsführung mit ihm in den Monaten zuvor. Am Ende des Tages (!) zollte der Präsident dem scheidenden Trainer – er unterschrieb kurz darauf bei Fenerbahçe Istanbul – schließlich höchsten Respekt „für seine menschliche und sympathische Art", die eine gewisse Anzahl von VfB-Profis freilich „nicht honoriert" hätten.

Geschichte wiederholt sich – manchmal schon nach 20 Jahren.

LÚCIO

ABER BITTE AUF SPANISCH!

Es gibt vier gute Gründe, Fremdsprachen zu lernen. So steht es zumindest auf der Webseite *Sprachreisen-Ratgeber.de*, einem unabhängigen Informationsportal rund um das Thema Sprachreisen. Von den dort aufgeführten vier Punkten stach mir von Beginn an einer besonders ins Auge. Nicht „Sprache als (Geheim-)Code", nicht „Sprachen lernen für den Auslandsaufenthalt" und auch nicht „Sprachen lernen aus persönlicher Motivation", sondern: „Fremdsprachen als Türöffner im Berufsleben".

Dieser, Grund zwei des Ratgebers, leuchtete mir bereits ein, als es die Webseite, ja noch nicht einmal das Internet gab, und so habe ich am Nürnberger Martin-Behaim-Gymnasium, an der Universität in Erlangen und an der Volkshochschule neben Fränkisch auch Deutsch, Englisch, Latein, Französisch, Russisch und Spanisch gelernt. Getreu dem von Johann Wolfgang von Goethe geprägten Satz: „Wer fremde Sprachen nicht kennt, weiß nichts von seiner eigenen."

Auf meinen Urlaubsreisen auf meine kanarische Lieblingsinsel Gomera konnte ich meine Spanischkenntnisse gewinnbringend anwenden; auf den Taxifahrten vom Flughafen Teneriffa Süd zum Hafen in Los Cristianos erfuhr ich jedes Jahr wort- und gestenreich in gut 20 Minuten, was die jeweiligen Trainer des Inselklubs CD Teneriffa, was also beispielsweise Jupp Heynckes, Ewald Lienen und Bernd Krauss in den Monaten zuvor alles falsch gemacht hatten.

Anfang März 1994 flog ich mit dem Karlsruher SC zum UEFA-Pokal-viertelfinale bei Boavista Porto. Schon rund viereinhalb Monate zuvor, im Zweitrundenhinspiel beim FC Valencia, hatte ich mich flugs zum Sprachrohr unserer Gruppe von fünf Reportern aufgeschwungen und in einem Lokal am Playa de las Arenas in fließendem Spanisch fünf Bier, diverse Tapas und später noch einmal fünf Bier und schließlich die Rechnung bestellt. Überraschenderweise erhielten wir fünf Bier, diverse Tapas und später noch einmal fünf Bier und schließlich die Rechnung serviert.

Die gleiche virtuose Leistung wollte ich nun auch in Porto abliefern, nachdem doch so gut wie jeder Portugiese Spanisch zumindest versteht. Also ergriff ich das Wort, als der Kellner in einem Café in der Prachtstraße Avenida dos Aliados auf unseren Tisch zustrebte. Gerade hatte ich den sehr schwierigen Satz „Drei *café con leche* und zwei *café solo*, bitte" auf Spanisch vorgetragen, als sich der Mann in voller Höhe und Breite vor mir aufbaute und – auf Englisch – gefährlich leise antwortete. „Sie können mit mir Portugiesisch sprechen", zischte er. „Sie können mit mir Englisch sprechen, und Sie können mit mir Französisch sprechen. Aber sprechen Sie nicht Spanisch mit mir!"

Wieder einmal zielsicher in einem Fettnapf gelandet. Aber gut, bestellte eben jeder von uns fünf sein Getränk einzeln und auf Englisch. Mir schmeckte der Kaffee übrigens nicht besonders, und ich nahm mir vor, nie mehr einem Portugiesisch sprechenden Menschen mit Spanisch zu kommen.

Diesen Vorsatz beherzigte ich über ein Jahrzehnt lang, selbst in den vier Wochen der Europameisterschaft 2004 in Portugal, als ich

LÚCIO

Geboren am 8. 5. 1978 in Brasília/Brasilien

- 105 Länderspiele für Brasilien, 4 Tore
- 236 Bundesligaspiele für Bayer Leverkusen und Bayern München, 22 Tore
- Vereine im Ausland: SC Internacional, Inter Mailand, Juventus Turin, FC São Paulo, Palmeiras São Paulo, FC Goa, SE Gama
- Weltmeister 2002
- FIFA-Klubweltmeister 2010
- Champions-League-Sieger 2010
- Deutscher Meister 2005, 2006, 2008
- DFB-Pokalsieger 2005, 2006, 2008
- Italienischer Meister 2010, 2013
- Italienischer Pokalsieger 2010, 2011

zunächst drei Wochen vor den Toren Portos am Atlantik und danach sechs Tage in Lissabon wohnte. Erst im Mai 2005 warf ich ihn über den Haufen – alles andere als freiwillig.

Über den wie immer sehr hilfsbereiten Hans-Peter Renner von der Pressestelle des FC Bayern hatte ich einen Interviewtermin mit dem Brasilianer Lúcio vereinbart. Der Weltmeister von 2002 – im mit 2:0 gewonnenen Finale gegen Deutschland verteidigte er auf der rechten Seite einer Dreierkette – war ein knappes Jahr zuvor für happige zwölf Millionen Euro aus Leverkusen nach München gewechselt. Wo der mit ungeheurer Wucht und Kraft ausgestattete Abwehrspieler mit Bayer 2002 auf den letzten Metern den Meistertitel verspielt und die Endspiele in der Champions League (1:2 gegen Real Madrid trotz seines Treffers zum zwischenzeitlichen Ausgleich) und im DFB-Pokal (2:4 gegen Schalke 04) verloren hatte, da erreichte er an der Isar auf Anhieb sein Ziel, auch im Vereinstrikot an die Erfolge mit der *Seleção* anzuknüpfen: Gleich im ersten Jahr wurde er mit seinem neuen Verein deutscher Meister.

Nun standen das Pokalfinale gegen Schalke 04 und kurz darauf der Confederations Cup in Deutschland vor der Tür. Es lag nahe, vor den beiden Großereignissen die Ansichten des Stars aus Brasilien einzuholen, und so machte ich mich an einem Donnerstagmorgen auf den Weg nach München; um zwölf Uhr sollte ich Lúcio in der Geschäftsstelle an der Säbener Straße treffen.

Ich hatte etwa ein Drittel der 170 Kilometer hinter mir und soeben die Ausfahrt Altmühltal passiert, als mein Mobiltelefon klingelte. Wie durch dichten Nebel drang die Stimme Renners an mein Ohr. „Harald, es tut mir sehr leid", hörte ich ihn sagen. „Aber unser Dolmetscher für dein Lúcio-Interview hat sich gerade krankgemeldet." Und ein Ersatzmann, so Renner weiter, sei auf die Schnelle nicht aufzutreiben.

Was nun? Den Termin absagen?

Ich überlegte kurz, dann fragte ich zurück: „Kann ich versuchen, Lúcio auf Spanisch zu interviewen? Oder" – ich erinnerte mich an Porto – „oder mag er es nicht, auf Spanisch angesprochen zu werden?" Natürlich sei das möglich, antwortete Renner. Der im Mai 1978 in der brasilianischen Hauptstadt Brasília geborene Lucimar da Silva Ferreira sei trotz seines – von ihm ungeliebten – Spitznamens „das Tier" ein überaus sympathischer, freundlicher Profi und werde damit kein Problem haben.

Gut eine Stunde später saßen wir uns gegenüber, der Weltmeister und ich. Kein Dolmetscher weit und breit. Vorsichtig begann ich das Interview mit einer einfach ins Spanische zu übersetzenden Frage: „Wie wichtig ist das bevorstehende Pokalfinale gegen Schalke für dich?" „Muy, muy importante", antwortete der 1,88 Meter große Hüne mit einem gewinnenden Lächeln, „sehr, sehr wichtig." Sehr wichtig auch für mich, der Anfang war gemacht, Lúcio störte sich nicht an meinem Spanisch, und ich hatte keine Probleme, ihn zu verstehen. „Der Pokal muss nach München", fuhr er fort; nach fast vier Jahren ohne Titel in Leverkusen sei der Knoten für ihn mit der Meisterschaft 2005 geplatzt, und schließlich sei er im Januar 2001 von Brasilien nach Deutschland gewechselt, um „so viele Titel wie möglich" zu holen.

Nach 20 Minuten wechselten wir das Thema, redeten über seine spektakulären Sololäufe über das gesamte Feld („Am liebsten wäre ich Stürmer. Es ist immer ein besonderes Glücksgefühl für mich, wenn ich ein Tor erziele") und den Confed Cup. „Auf diesen Wettbewerb freue ich mich sehr", so Lúcio, „obwohl ich auch müde bin, weil ich bei unseren WM-Qualifikationsspielen immer sehr lang unterwegs bin." Er müsse sich seine Kräfte genau einteilen.

Dies gelang ihm durchaus eindrucksvoll. Im Pokalfinale besiegten die Bayern mit ihm und dem Kroaten Robert Kovač in der Innenverteidigung die Königsblauen mit 2:1. Den Confederations Cup gewann er als Stammspieler der *Seleção* nach großen Anlaufschwierigkeiten – in den Gruppenspielen folgten einem 3:0-Erfolg gegen Griechenland eine 0:1-Niederlage gegen Mexiko und ein 2:2-Unentschieden gegen Japan durch ein 3:2 im Halbfinale gegen Ausrichter Deutschland und einen in dieser Höhe sensationellen 4:1-Endspielsieg gegen den großen Rivalen Argentinien.

Was Lúcio und mich anging, so veränderte unsere einstündige Unterhaltung vieles. Von diesem Tag an konnte ich ihn unter der Woche auf seinem Mobiltelefon anrufen, um ein paar Sätze für meine Bundesliga-Vorschaugeschichten im Donnerstags-*kicker* einzufangen, und es verging kein Heimspiel der Bayern, mit denen er sich 2005/06 erneut das Double aus Meisterschaft und Pokal sicherte, ohne ein kurzes Gespräch mit ihm – auf Spanisch, versteht sich.

Vor der Weltmeisterschaft 2006 in Deutschland erklärte er sich sofort bereit, für unser WM-Sonderheft ein ausführliches Doppelinterview mit seinem – nach dem Turnier zum FC Chelsea wechselnden –

Vereinskollegen, dem deutschen Kapitän Michael Ballack, zu geben. „Wir sind noch stärker als vor vier Jahren", kündigte er an. „Die Spieler haben sich weiterentwickelt, und das Selbstvertrauen der Mannschaft ist riesig." Ronaldinho etwa stehe für ihn „derzeit über allen anderen Spielern der Welt, und auch Kaká kann eine große WM spielen".

Für das größte Aufsehen sorgte Lúcio mit seinen Worten über das schlagzeilenträchtige Duell zwischen Jens Lehmann vom FC Arsenal und dem Münchner Oliver Kahn zwischen den Pfosten der deutschen Nationalmannschaft: „Ich glaube, dass Lehmann im Moment einen Tick besser ist als Oli." Eine Äußerung, die in München einigen Wirbel entfachte und bei den Verantwortlichen des Rekordmeisters, vor allem bei Manager Uli Hoeneß, nicht sonderlich gut ankam.

Nun, die Brasilianer verfehlten ihr Ziel, ihren WM-Titel von 2002 zu verteidigen, und schieden im Viertelfinale durch ein 0:1 gegen Frankreich aus. Lehmann spielte ein starkes Turnier als deutsche Nummer eins, hielt im Elfmeterschießen des Viertelfinales gegen Argentinien die Strafstöße von Roberto Ayala und Esteban Cambiasso, konnte das Aus in der Verlängerung des Halbfinales gegen Italien jedoch nicht verhindern.

Den WM-Titel holten sich die *Azzurri*. Einen eindrucksvollen Beweis für die Richtigkeit von Punkt zwei des Sprachreisen-Ratgebers aber hatte mir das Interview mit Lúcio auf jeden Fall geliefert: Fremdsprachen als Türöffner im Berufsleben.

FELIX
MAGATH
DIE BRILLE

Mit Fußballtrainern ist es wie mit normalen Menschen: Mit dem einen verstehst du dich besser, mit dem anderen weniger gut. In 36 Jahren beim *kicker* habe ich unzählige Gespräche mit den Trainern der von mir begleiteten Vereine geführt. Meist drehten sich die Unterhaltungen, klarer Fall, um sportliche Fragen, um taktische Überlegungen, um die personelle Situation, um Stärken und Schwächen der eigenen und der gegnerischen Mannschaft.

Besonders gut kam ich mit Felix Magath aus. Mit ihm habe ich über Gott und die Welt geplaudert, über das Leben und die Frauen – und über Brillen.

Näher kennengelernt habe ich den 1953 im fränkischen Aschaffenburg geborenen Mann – der als Profi mit dem Hamburger SV dreimal die deutsche Meisterschaft und zweimal einen Europapokal-Wettbewerb gewann und die Norddeutschen mit seinem Tor im Finale des Europapokals der Landesmeister gegen Juventus Turin 1983 in Athen zum größten Erfolg der Vereinsgeschichte schoss –, als er im Februar 2001 als Nachfolger von Ralf Rangnick den Trainerposten beim VfB Stuttgart übernahm. Vom ersten Tag an imponierte mir die Offenheit, mit der Magath über seinen zweifelhaften Ruf als „Feuerwehrmann" sprach. „Das hier ist so etwas wie mein letzter Versuch", sagte er mit Blick auf seine Erfahrungen als Trainer beim Hamburger SV, bei Werder Bremen, dem 1. FC Nürnberg und der Frankfurter Eintracht. „Du kommst zu einem Verein, der sportlich erfolglos und finanziell am Ende ist, rettest ihn vor dem Abstieg, führst ihn nach oben und wirst doch irgendwann gefeuert. Nein, dann lieber auswandern, in die Karibik, und mit Jungs trainieren, die noch barfuß Fußball spielen."

Im „letzten Versuch" aber klappte es: In Stuttgart gelang es Magath, sein ungeliebtes Image abzustreifen. 2001/02 konnte er gerade noch so den Abstieg abwenden, danach ging's steil bergauf, über Rang acht

2001/02 zur Vizemeisterschaft 2002/03 und mitten hinein in die Champions League. Gefeuert wurde er nicht am Neckar, doch eine echte Chance, sein großes Ziel zu erreichen und in seinem zweiten Beruf die gleichen Triumphe wie als Profi zu feiern, hatte er dort nicht.

Diese Chance bot ihm Branchenkrösus FC Bayern, der ihn im Sommer 2004 für eine Million Euro aus seinem noch ein Jahr laufenden Vertrag herauskaufte. Prompt holte Magath in München seine ersten Titel als Trainer; er führte den Rekordmeister 2005 und 2006 jeweils zum Double aus Meisterschaft und DFB-Pokal – und er durfte sich noch mit einem Erfolg der ganz anderen Art schmücken.

Seit 2000 verleiht das Berliner Kuratorium Gutes Sehen e. V. (KGS), eine unabhängige, überregionale Initiative, die Auszeichnung „Brillenträger des Jahres" und ehrt damit eine Person des öffentlichen Lebens für „ihre Vorbildfunktion und den stilvollen Umgang mit der Brille".

Besonders gut kam ich mit Felix Magath aus, hier mit meinem
Journalistenkollegen Klaus Schlütter (rechts) und mir.

Zuletzt, 2017, entschied sich die Jury für Ralph Caspers, den Moderator von Kindersendungen wie *Wissen macht Ah!*.

Auch *Tagesschau*-Sprecher Jan Hofer, der ehemalige deutsche Arbeits- und Sozialminister Norbert Blüm, die Komikerin Hella von Sinnen – komisch ist nur, dass ich niemanden kenne, der sie komisch findet –, Thomas D von den Fantastischen Vier sowie der damalige Mainzer und heutige Liverpool-Trainer Jürgen Klopp tauchen in der Liste der Preisträger auf und – Felix Magath. 2004 machte der erfolgreiche Fußballlehrer das Brillenrennen, weil sein Beispiel zeige, dass das Tragen von Augengläsern „die eigene Persönlichkeit unterstreicht und Sympathie weckt".

Im Herbst 2005, der bisweilen wirklich komische Komiker Wigald Boning hatte gerade Magaths Nachfolge angetreten, kamen wir bei einem unserer Telefonate noch einmal auf das Kuratorium und die Auszeichnung zu sprechen. Magath fragte mich, ob ich noch keine Brille brauche. „Nein", antwortete ich, räumte aber ein, dass ich in der Dämmerung, beim Übergang von Helligkeit zur Dunkelheit, ab und zu ein paar Probleme mit der Fernsicht hätte, dass ich manchmal nicht auf Anhieb sicher sei, welcher Spieler da an der gegenüberliegenden Seitenlinie den Ball führe. Nach diesem kurzen Exkurs kehrten wir zum Gespräch über fußballerische Fragen zurück.

Einige Wochen später bestritten die Bayern ihr letztes Hinrundenheimspiel der Saison 2005/06 gegen den 1. FC Kaiserslautern. Sie siegten nach Toren von Michael Ballack und Roy Makaay mit 2:1, auch weil Oliver Kahn einen Elfmeter von Ervin Skela hielt. Insgesamt boten die Münchner eine allenfalls durchschnittliche Leistung, und vor allem ein Spieler enttäuschte: Ali Karimi. Die Verpflichtung des iranischen Nationalspielers hatte Magath vor Saisonbeginn gegen die Überzeugung von Karl-Heinz Rummenigge und Uli Hoeneß, den beiden starken Männern des Vereins, durchgesetzt, weil sie für den Verein „eine Chance und keinerlei Risiko" bedeute.

An seine vielversprechenden Leistungen der ersten Saisonspiele – beim spektakulären 5:2-Erfolg der Bayern in Leverkusen am zweiten Spieltag erzielte er ein Tor selbst und bereitete ein zweites vor – konnte Asiens Fußballer des Jahres 2004 an jenem ungemütlichen Dezembernachmittag in der Allianz Arena wieder einmal nicht annähernd anknüpfen. Der im halbrechten Mittelfeld aufgebotene Karimi verlieh dem Münchner Spiel nach vorne kaum Impulse, leistete sich viele

Ungenauigkeiten und wurde in der 69. Minute ausgewechselt; für ihn kam ein Jungprofi namens Bastian Schweinsteiger. Karimi erhielt im *kicker* die schlechteste Note der elf Bayern-Spieler, eine 4,5, und war damit, wie ich fand, noch gut bedient.

Am nächsten Tag, kurz nach zehn Uhr morgens, klingelte mein Mobiltelefon. „Guten Morgen, hier ist Magath." Sofort witterte ich Ungemach, und in der Tat entspann sich folgender Dialog. Magath: „Herr Kaiser, Sie waren gestern nicht bei uns im Stadion, oder?" Ich: „Natürlich, wir haben doch nach der Pressekonferenz kurz miteinander gesprochen!" Magath: „Stimmt. Aber aufs Spielfeld haben Sie nicht geschaut während der 90 Minuten?" Ich: „Moment mal, was soll das jetzt eigentlich werden?" Magath unbeirrt weiter: „Ali Karimi war also unser schwächster Spieler?!" Ja, antwortete ich und erläuterte ihm meine Notengebung: keine einzige zwingende Offensivaktion, diverse Fehlpässe usw. Der Trainer hörte sich alles geduldig und wortlos an.

Als ich fertig war mit meinen Ausführungen, sagte er: „Wissen Sie was, Herr Kaiser? Ich glaube, Sie sollten sich jetzt doch mal eine Brille zulegen. Ich wünsche Ihnen noch einen schönen Tag."

Das saß, und ich begann mir ernsthaft Gedanken zu machen. Es dauerte noch ein paar Monate, bis ich mich dazu durchrang, der Aufforderung Magaths zu folgen. Im Spätherbst 2006 besuchte ich meinen früheren Fußballkumpel Thomas Falge in seinem Optikergeschäft in der Nürnberger Südstadt und ließ mir eine topmodische Brille für bessere Fernsicht anfertigen, mit der ich Wigald Boning locker in den Schatten gestellt hätte.

Als ich sie zum ersten Mal trug, beim Spiel gegen Schalke 04 im März 2007 in der Allianz Arena, sah ich gestochen scharf, wie Ali Karimi 90 Minuten lang die Ersatzbank drückte. Felix Magath sah ich nicht – er war längst entlassen.

DIEGO ARMANDO
MARADONA
ALLES ODER NICHTS

Allein schon dieser Name. 1977 gab ein 16-jähriger, in einem Armenviertel von Buenos Aires aufgewachsener offensiver Mittelfeldspieler von den Argentinos Juniors sein Debüt in der argentinischen Nationalmannschaft: Diego Armando Maradona. Spätestens zweieinhalb Jahre später, nach dem Gewinn der U-20-Weltmeisterschaft in Japan, galt er in Südamerika als der kommende Superstar. Im Frühsommer 1982 wechselte der nur 1,65 Meter große schwarzhaarige Lockenkopf von Boca Juniors Buenos Aires zum FC Barcelona.

Dort, in Spanien, feierte er auch seinen Einstand auf der größten Bühne des Weltfußballs. Bei der Weltmeisterschaft 1982 bekämpften die alten Haudegen den jungen Emporkömmling mit allen Mitteln und überschritten dabei immer wieder die Grenzen des Erlaubten. Gerade im ersten Spiel der zweiten Finalrunde gegen den späteren Weltmeister Italien wurde Maradona mehrmals brutal gefoult, Claudio Gentile streckte ihn mit einem Faustschlag nieder – und sah dafür nur Gelb; Titelverteidiger Argentinien unterlag mit 1:2. Bei der folgenden 1:3-Niederlage gegen Brasilien trat er, entnervt nach einer weiteren Flut von Fouls, seinem Kontrahenten Batista in den Magen und wurde vom Platz gestellt.

Vier Jahre später prägte der 25-Jährige, der sein Geld mittlerweile in Italien bei der SSC Neapel verdiente, die WM in Mexiko wie vielleicht kein zweiter Spieler ein großes Turnier zuvor. Von Konditionstrainer Fernando Signorini zur Höchstform getrimmt, trieb der neue Kapitän Maradona die *Albiceleste* mit einem Treffer und vier Torvorbereitungen zum Sieg in ihrer Vorrundengruppe mit Südkorea, Italien und Bulgarien; er führte sie, obschon von den Gegenspielern erneut gejagt und häufig hart gefoult, zum 1:0 im Achtelfinale gegen Uruguay und zum 2:1 im Viertelfinale gegen England. In der Partie gegen die Briten ließ er seinem ebenso legendären wie hinterhältigen 1:0 durch die „Hand Gottes" kurz darauf das wohl spektakulärste Tor in der Geschichte der

Fußballweltmeisterschaften folgen, als er bei einem Solo aus der eigenen Hälfte heraus die halbe englische Mannschaft ausspielte, auch noch Torhüter Peter Shilton überdribbelte und den Ball zum 2:0 ins Netz schob.

Im Halbfinale gegen Belgien sorgte Maradona mit seinen Turniertreffern vier und fünf für einen ungefährdeten 2:0-Sieg, und auch im Finale gegen die deutsche Elf bereitete er trotz enger Deckung durch Lothar Matthäus die Tore von Jorge Valdano und Jorge Burruchaga mit wunderbaren Pässen vor. Auch wenn der deutsche Torhüter Toni Schumacher, der schon vor dem ersten Tor durch José Luis Brown an einer Freistoßflanke Burruchagas vorbeigeflogen war, das entscheidende 3:2 durch schnelleres Herauslaufen hätte verhindern müssen: Argentiniens zweiter WM-Titel war auch und vor allem der des Diego Armando Maradona.

Im Vereinstrikot wiederholte er seine Glanzvorstellungen von Mexiko. Als Spielmacher und mit zehn Saisontreffern bester Torjäger führte er Napoli 1987 zum ersten Meistertitel der Vereinsgeschichte und wurde in der süditalienischen Metropole fortan göttergleich verehrt. „Ho visto Maradona", sangen die Fans, „ich habe Maradona gesehen", und es klang nicht nur wie eine Liebeserklärung – es war eine.

Doch der WM-Titel 1986 mit der *Albiceleste* und der *Scudetto* mit Napoli ein Jahr später waren goldene Vergangenheit, als die Società Sportiva Calcio im April 1989 in der Runde der letzten vier des UEFA-Pokals 1988/89 auf den FC Bayern traf. Die Nachrichten, dass Maradona mittlerweile einen wenig professionellen Lebensstil pflegte, dass er mindestens fünf, eher sieben bis acht Kilogramm zu viel mit sich herumschleppte, waren auch nach Deutschland durchgedrungen, und mein in Venedig lebender Freund Georg hatte mir von ersten Gerüchten um Drogen wie Kokain rund um den kleinen Superstar berichtet. Auch in den ersten vier Runden des Wettbewerbs, in den Partien gegen PAOK Saloniki, den FC Lok Leipzig, Girondins Bordeaux und Juventus Turin, hatte er keine Bäume ausgerissen.

„Seine große Zeit ist vorbei", sagte Uli Hoeneß denn auch am Münchner Flughafen vor dem Abflug gen Süden zu uns mitreisenden Reportern. „Er wird nie mehr die Form von 1986 erreichen." Meine Vorfreude auf das Halbfinalhinspiel in Neapel aber vermochten die Worte des Bayern-Managers nicht zu dämpfen. Bald würde auch ich in die Hymne einstimmen können: „Ho visto Maradona."

Auf der Fahrt vom Flughafen Capodichino ins Hotel zog die Stadt, getaucht in die blau-weißen Vereinsfarben der SSC, an unserem Bus vorbei. Eine Stadt, die die höchste Kindersterblichkeit in Europa aufwies, deren stickige, bisweilen stinkende Luft schwer auf die Atemwege drückte, in deren stets verstopften Straßen sich Berge von Müll türmten. Für die zwei Millionen Neapolitaner aber gab es in jenen Frühlingstagen nur zwei Gesprächsthemen: den UEFA-Cup und den Mann, der den 15 Kilogramm schweren, 65 Zentimeter hohen, 33 Zentimeter breiten und 23 Zentimeter tiefen Pokal in die Stadt holen sollte – Maradona. Beim Bäcker und in den großen Kaufhäusern, in den Bars, Tavernen und Restaurants und natürlich auch im Stadion San Paolo am 5. April 1989, wo rund 80.000 Zuschauer voller Begeisterung und Siegesgewissheit ihre Fahnen, Schals und Schärpen schwenkten: Immer und überall blitzte uns das Konterfei des kleinen Argentiniers entgegen.

Die Geschichte der 90 Spielminuten ist schnell erzählt: Maradona bot eine gute, keine überragende Vorstellung, vergab eine große Frei-

DIEGO ARMANDO MARADONA

Geboren am 30.10.1960 in Lanús/Argentinien

- 91 Länderspiele, 34 Tore
- Spielte bei den Argentinos Juniors, Boca Juniors, FC Barcelona, SSC Neapel, FC Sevilla und Newell's Old Boys
- Weltmeister 1986, Vizeweltmeister 1990
- U-20-Weltmeister 1979
- UEFA-Pokalsieger 1989
- Argentinischer Meister 1981
- Spanischer Pokalsieger 1983
- Italienischer Meister 1987, 1990
- Italienischer Pokalsieger 1987
- Stationen als Trainer: Deportivo Textil Mandiyú, Racing Club Buenos Aires, Argentinien, Al-Wasl, Al-Fujairah SC, Dorados de Sinaloa

Mit seinen Jongliereinlagen brachte Maradona die Pfiffe des Münchener Publikums zum Verstummen.

stoßchance, bereitete mit einem Pass in die Tiefe (und einer Portion Glück) das 1:0 durch den Brasilianer Careca und mit einer hohen Flanke auch das Kopfballtor zum 2:0-Endstand durch den italienischen Nationalspieler Andrea Carnevale vor. Anerkennende Worte für seine Leistung jedoch wollte nach der Begegnung keiner aus dem Bayern-Tross finden.

Für das Aufwärmprogramm vor dem Rückspiel zwei Wochen später hatte Uli Hoeneß eigens einen groß angekündigten Star namens Andrew White verpflichtet. Der US-Amerikaner, der drei Jahre später zusammen mit dem Produzenten Harald Reitinger die Vereinshymne „Forever number one" schrieb, hatte auch bereits ein paar müde Liedchen geträllert, als der wirkliche Matador im Innenraum des Olympiastadions auftauchte: Maradona.

Die Pfiffe, die den kleinen Lockenkopf auf seinen letzten Metern vom Kabinengang bis zum Rasen begleiteten, verstummten schon nach wenigen Sekunden. Maradona begann zu jonglieren, hielt den Ball mühelos 40-, 50-mal hoch, ließ ihn über seinen Rücken laufen, beförderte ihn vom rechten Oberschenkel auf seinen Kopf. Dort blieb das Leder liegen wie festgeklebt, eine halbe Ewigkeit. Auf den Rängen herrschte sekundenlang gespenstische Stille, dann brandete frenetischer Beifall auf. Der Argentinier bedankte sich auf seine Weise: Während sich seine Mitspieler im Halbkreis zu Dehnübungen aufstellten, tanzte er aus der Reihe – im wahrsten Sinne des Wortes: Zu Whites „All or nothing" steppte er mit dem Ball am Fuß, das Publikum ließ sich mitreißen und feierte ihn begeistert.

Als der Ball dann rollte, leitete Maradona Napolis Führungstor durch Careca nach gut einer Stunde ein; Roland Wohlfarths Ausgleichstreffer beantwortete erneut Careca mit dem schon entscheidenden 1:2. Der erneute Ausgleich durch Stefan Reuter bedeutete nur noch Ergebniskosmetik. „Nicht auszudenken", meinte nun Franz Beckenbauer, Teamchef der deutschen Nationalmannschaft, „wenn er auch noch fünf Kilo weniger auf den Rippen hätte."

Weil sich der VfB Stuttgart im innerdeutschen Duell des zweiten Halbfinales gegen Dynamo Dresden durchgesetzt hatte, durfte ich rund einen Monat nach meinem ersten Besuch in Neapel zum ersten der beiden Endspiele erneut dorthin fliegen. Im restlos ausverkauften Stadion San Paolo erzielte Maradona nach dem 0:1 von Maurizio Gaudino den Ausgleich durch einen freilich unberechtigten Handelfmeter;

Careca glückte kurz vor dem Abpfiff das Siegtor der SSC. Während sich der VfB vom griechischen Schiedsrichter Gerasimos Germanakos verschaukelt fühlte (Nationalspieler Guido Buchwald: „Der Elfmeter war ein Witz, dafür hat er ein klares Handspiel Maradonas übersehen"), stand ganz Neapel kopf.

In den Minuten vor dem Rückspiel in Stuttgart zog Superstar Diego Armando erneut alle in seinen Bann. Wie schon im Münchner Olympiastadion ließ er den Ball wie ein Zirkusartist auf seinem Knie, dem Spann und von einer Schulter auf die andere hüpfen – all dies im Rhythmus des Hits „Live is Life" der österreichischen Band Opus. VfB-Stürmer Jürgen Klinsmann erinnerte sich noch Jahre später: „Wir waren so fasziniert von Maradona, dass wir unser eigenes Aufwärmtraining vergaßen."

An jenem 17. Mai 1989 hatten die Neapolitaner wenig Mühe, den Gewinn des UEFA-Pokals, ihren ersten und bis heute einzigen Triumph in einem großen internationalen Wettbewerb, unter Dach und Fach zu bringen: Nach einer 3:1-Führung nach gut einer Stunde begnügten sie sich mit einem 3:3-Unentschieden. Nach dem Schlusspfiff durfte Maradona als Kapitän der Italiener als Erster den Pokal in den schwäbischen Nachthimmel stemmen. Er strahlte übers ganze Gesicht und widmete den Erfolg seiner am Tag vor dem zweiten Finalspiel geborenen zweiten Tochter Giannina di Nora.

Irgendwie freute ich mich für ihn.

Ein knappes Jahr später sah ich ihn weinen. Dicke Tränen kullerten aus seinen dunklen Augen, als der deutsche Spielführer Lothar Matthäus nach dem Endspiel der Weltmeisterschaft 1990 im Olympiastadion von Rom den FIFA-WM-Pokal an sich riss. Maradona, der kurz zuvor mit Napoli erneut den *Scudetto* erobert hatte, war mit gellenden Pfiffen empfangen worden, hatten seine Argentinier doch im Halbfinale Gastgeber Italien nach Elfmeterschießen bezwungen; während der 90 Finalminuten war er vom manndeckenden Stuttgarter Guido Buchwald entnervt und so gut wie ausgeschaltet worden. Weil Andreas Brehme das Siegtor durch einen umstrittenen Foulelfmeter erzielt hatte, witterte Maradona eine geheimnisvolle Verschwörung. „Eine schwarze Hand hat unsere Niederlage gewollt", erklärte er. „Der Strafstoß war nicht gegen Argentinien, er war gegen Maradona."

Auch wenn es der Superstar während des gesamten Turniers nicht geschafft hatte, an seine alles überragenden Leistungen von Mexiko anzuknüpfen: „Diego war für mich der beste Spieler jener zwei Jahrzehnte, in denen ich professionell Fußball gespielt habe", sagt Matthäus noch heute.

Für Maradona markierte das verlorene WM-Finale 1990 den Anfang eines langen Endes. Übergewicht, Kokain, eine 14-monatige Freiheitsstrafe auf Bewährung wegen Drogenkonsums, Schüsse auf Journalisten mit einem Luftgewehr, Ausschluss vom WM-Turnier 1994 in den USA wegen Dopings und eine 15-monatige FIFA-Sperre. Doch was immer nach Rom auch passierte: Der Mythos lebt weiter. Mit Ferenc Puskás und Pelé, Franz Beckenbauer und Johan Cruyff, Lionel Messi und Cristiano Ronaldo zählt Diego Armando Maradona zu den besten Fußballspielern aller Zeiten.

Ho visto Maradona.

LOTHAR
MATTHÄUS
DAS KRÄHEN DER KINDER

Unter einem Dialekt, so lesen wir im sehr informativen *dtv-Atlas Deutsche Sprache*, verstehen wir eine Mundart bzw. eine Gruppe von Mundarten mit gewissen sprachlichen Gemeinsamkeiten. Ein Dialekt kann sich von den anderen und auch von der deutschen Schriftsprache in allen Sprachbereichen unterscheiden, in der Phonologie (Lautsystem), der Morphologie (Wortbeugung), der Syntax (Satzbau) und der Idiomatik, dem Wortschatz.

Rund 60 Dialekte werden heute in Deutschland gesprochen. Nehmen wir – wie der *dtv-Atlas* auf seiner Titelseite – das Wort „Mädchen". Dieses weibliche Wesen wird im deutschen Sprachraum Deern, Dearn und Dirn, Wicht, Luit und Mäken genannt, man ruft es Mädche, Maidel, Maiche, Mächen, Meitschl, Meitli, Mala, Madl, Mädle, Moidl, Mensch, Diandl und Deandl. Und es heißt Madla – auf Fränkisch.

Mit dem Fränkischen ist es so eine Sache. Zwar bestimmt Artikel 3 des Grundgesetzes der Bundesrepublik Deutschland, dass „niemand wegen seiner Sprache, Herkunft und Heimat benachteiligt oder bevorzugt werden" dürfe, doch zählt das Fränkische, im Gegensatz etwa zum Oberbayerischen oder Berlinerischen, zu den weniger salonfähigen deutschen Dialekten. Berufliche Vorteile genießt du nicht gerade, wenn du Fränkisch sprichst, und der in Bamberg geborene Thomas Gottschalk konnte nur deshalb eine große Fernsehkarriere hinlegen, weil er gelernt hatte, seinen Dialekt vor den Kameras abzustreifen.

Zu den berühmtesten zeitgenössischen Franken zählt zweifellos ein Mann namens Lothar Herbert Matthäus, seines Zeichens deutscher Rekordnationalspieler mit 150 Berufungen, Kapitän der deutschen Weltmeistermannschaft 1990 bei der dritten seiner fünf WM-Teilnahmen, Europameister, siebenmal deutscher und einmal italienischer Meister, zweimal UEFA-Pokalsieger, Weltfußballer des Jahres 1991, Ehrenspielführer der Nationalmannschaft und, und, und. „Ein Lothar

116

Matthäus", würde er, der von sich selbst gerne in der dritten Person spricht, mit Recht sagen, „ein Lothar Matthäus hat eine wirklich beeindruckende Karriere hingelegt."

Als Kind lebte der im März 1961 in der Universitätsstadt Erlangen geborene Lothar mit Vater Heinz, Mutter Katharina und seinem rund vier Jahre älteren Bruder Wolfgang in der Würzburger Straße 11 in Herzogenaurach, direkt neben der Zentrale des Sportartikelherstellers Puma, wo Papa Heinz als Hausmeister arbeitete. In seiner 2012 erschienenen Biografie *Ganz oder gar nicht* und im Rahmen einer ebenfalls 2012 ausgestrahlten sechsteiligen „Doku-Soap" – grauenvolles Wort, eine Übersetzung ins Deutsche oder gar Fränkische erspare ich mir – des Senders Vox berichtet Matthäus ausführlich und plakativ von seiner Kindheit und Jugend und gewährt einen intimen Einblick in seinen privaten Alltag.

An dieser Stelle nur zwei kleine Auszüge. Erstens die Geschichte vom kleinen Lothar. „Ich musste mit 14, 15 Jahren immer abends um zehn zu Hause sein. Das war ich auch, aber um halb elf ist der kleine Lothar zum Fenster wieder rausgesprungen. Die Eltern haben dann schon geschlafen, und ich war dann noch mit meinen Freunden meistens bis spät in der Nacht in der Disco unterwegs." Zweitens die von einem gewissen Herrn Bär und Lothars Mutter. Nach einem Sichtungslehrgang der Bayernauswahl habe ihm der Cheftrainer, „ich glaube, er hieß Bär", mitgeteilt, dass er nicht in die Auswahl berufen werde. „Er meinte, wohl um mich zu trösten: Du hast ja noch ein Jahr Zeit. Und außerdem bist du zu klein. Ich bin dann nach Hause gegangen und habe meine ganze Enttäuschung an meiner Mutter ausgelassen. Unter Tränen bin ich auf sie los und schrie: Weil du so klein bist, bin ich auch so klein! Von irgendjemand musste ich ja meine Körpergröße geerbt haben. Meine Mutter maß 1,57."

Soso. Auch Lothar und ich haben uns häufig über private Angelegenheiten unterhalten.

Mit neun Jahren hatte Matthäus beim Puma-Klub 1. FC Herzogenaurach das Fußballspielen begonnen. Bei nur 1,74 Meter Körpergröße kämpfte er sich dank eines unbändigen Willens, unvergleichlicher Dynamik und einer imponierenden Physis Schritt für Schritt nach oben.

1978 übernahm Franz Brungs das Training der ersten Mannschaft der Herzogenauracher. Schnell erkannte der frühere Torjäger, 1968 deutscher Meister mit dem 1. FC Nürnberg, die überragenden Anla-

LOTHAR MATTHÄUS

Geboren am 21.3.1961 in Erlangen

- 150 Länderspiele, 23 Tore
- 464 Bundesligaspiele für Borussia Mönchen-gladbach und Bayern München, 121 Tore
- Vereine im Ausland: Inter Mailand, NY/NJ Metro Stars
- Weltmeister 1990, Vizeweltmeister 1982, 1986
- Europameister 1980
- UEFA-Pokalsieger 1991, 1996
- Deutscher Meister 1985, 1986, 1987, 1994, 1997, 1999, 2000
- DFB-Pokalsieger 1986, 1998
- Italienischer Meister 1989
- Weltfußballer des Jahres 1991
- Europas Fußballer des Jahres 1990
- Deutschlands Fußballer des Jahres 1990, 1999
- Stationen als Trainer: Rapid Wien, Partizan Belgrad, Ungarn, Atlético Paranaense, Red Bull Salzburg (Co-Trainer), Maccabi Netanja, Bulgarien
- Erfolge als Trainer: Serbischer Meister 2003
- Österreichischer Meister 2007 (als Co-Trainer)

gen des A-Jugendspielers Matthäus und holte ihn zu sich nach oben. „Lothar brannte vor Ehrgeiz und stand immer schon eine halbe Stunde vor den anderen auf dem Platz", erzählt Brungs, der beim legendären 7:3-Sieg des FCN am 2. Dezember 1967 als nach wie vor einziger Spieler in einer Bundesligapartie fünf Tore gegen den FC Bayern erzielte. „Bis zum Trainingsbeginn übte er unermüdlich Torschüsse."

1979 wechselte der mittlerweile zum Jugend-Nationalspieler auf-gestiegene Matthäus zu Borussia Mönchengladbach, wo er unter dem ebenfalls neuen Trainer Jupp Heynckes auf Anhieb einen Stammplatz im defensiven Mittelfeld ergatterte und 28 der 34 Begegnungen (vier Tore) einer Saison bestritt, die die Borussia auf Rang sieben beendete.

Bei der Europameisterschaft 1980 in Belgien feierte der 19-jährige Senkrechtstarter beim 3:2-Sieg gegen die Niederlande, in der 73. Minute eingewechselt für Kapitän Bernard Dietz, seinen Einstand in der Nationalmannschaft, die schließlich – wenn auch ohne weitere Einsätze des Jungstars – den EM-Titel einheimste.

So verwunderte es nicht, dass er im Lauf der Saison 1980/81 zweimal als Stargast beim „Schleudersitz" aufkreuzte, einem Stammtisch für Amateurtrainer und Journalisten, den der frühere Nationalspieler und Puma-PR-Chef Hans Nowak einmal monatlich im Gasthof Höfler in Nürnberg-Großgründlach ausrichtete und dazu jeweils einen vertraglich an den Sportartikelriesen gebundenen Spieler oder Trainer einlud. Da saß Matthäus also an der Seite Nowaks und erzählte. Von seinen ersten Wochen und Monaten mit Stars wie Wilfried Hannes, Ewald Lienen und Harald Nickel, von Gegenspielern wie Felix Magath vom damals amtierenden Meister Hamburger SV oder Bernd Schuster vom 1. FC Köln, von seinen ersten, nicht nur positiven Erfahrungen im Kreis der Nationalmannschaft. Danach beantwortete er die Fragen aus der Runde. Seine erfrischend offenen Aussagen hoben sich wohltuend ab von den Worthülsen, die einem Reporter – schon damals – gerne serviert wurden.

Nach dem offiziellen Teil unterhielten wir uns noch längere Zeit unter vier Augen. „Ich weiß, dass ich einen Dialekt habe, den der eine oder andere witzig findet", erklärte er irgendwann einmal in einem Interview. „Aber den haben andere auch."

Ich beispielsweise, und irgendwie wirkte dieser Dialekt verbindend zwischen uns beiden. Nachdem der 1. FC Nürnberg 1980 zum zweiten Mal den Wiederaufstieg in die Bundesliga geschafft hatte, traf ich Matthäus neben seinen regelmäßigen Auftritten beim „Schleudersitz" pro Saison noch ein weiteres Mal – wieder im Gasthof Höfler, wo die Borussen vor ihren Auswärtsspielen beim Club Quartier bezogen. Am Vorabend der Spiele fuhr ich nach Großgründlach hinaus; auf Lothars Zimmer plauderten wir über Gott und die Welt, über unsere Familien, die Frauen und den Sport, und er eröffnete mir einen ersten Blick in das Innenleben des Profifußballs.

Am 31. Mai 1984 bestritt Matthäus sein letztes Spiel für die Gladbacher Borussia. Im Frankfurter DFB-Pokalfinale gegen seinen neuen Verein, den FC Bayern, gab er seine Abschiedsvorstellung – und konnte im nach einem 1:1 nach Verlängerung notwendigen Elfmeterschießen genau wie sein Kollege Norbert Ringels (und Bayerns Klaus Augenthaler) seinen Strafstoß nicht verwandeln; die Münchner gewannen mit 7:6.

„Jupp Heynckes hatte mich völlig überraschend nicht im defensiven Mittelfeld eingesetzt, auf meiner Paradeposition, sondern als rechten Verteidiger", erinnert sich Matthäus in seiner Biografie. „Als rechten Verteidiger! Das sagte er mir wenige Stunden vorher in der Mannschaftssitzung. Er wollte wohl unbedingt Winfried Schäfer im Mittelfeld einsetzen. Ein klarer Fehler." Heynckes habe ihm den Fehlschuss sehr übelgenommen, „aber hatte er nicht seinen Anteil an der Niederlage? Hatte er mich nicht gewaltig unter Druck gesetzt? Hatte er mich nicht in eine Pflicht genommen, der ich nicht gewachsen war? Meine Ablehnung, einen Elfmeter schießen zu wollen, hat er nicht verstanden".

Von den Borussen-Anhängern als „Judas" gebrandmarkt, „dabei schwöre ich bei meinen Kindern, dass weder Absicht noch Geld im Spiel waren", heuerte Matthäus für die damalige bundesligainterne Rekordablöse von 2,35 Millionen Mark bei den Bayern an. Von da an hatten wir regelmäßig beruflich miteinander zu tun.

Es ließ sich gut an in den ersten Monaten, zumal die Münchner in Lothars erster Saison an der Isar zum ersten Meistertitel seit 1981 und ins Pokalfinale 1985 in Berlin stürmten, das sie überraschend mit 1:2 gegen Bayer Uerdingen verloren. Doch im März 1986 zog sich plötzlich ein tiefer Riss durch unsere Beziehung – wegen eines Satzes in einem meiner Artikel.

1985/86, die an Dramatik nicht zu überbietende Saison, in der Werder-Abwehrspieler Michael Kutzop in der Partie gegen den FC Bayern am vorletzten Spieltag seinen berühmten Elfmeter verschoss und die monatelang führenden Bremer in letzter Sekunde noch von den Münchnern abgefangen wurden. Nach dem 22. Spieltag lag Werder vier Punkte vor den Bayern, auf die ein Auswärtsspiel beim Hamburger SV wartete. „Wir dürfen nicht verlieren", forderte Kapitän Klaus Augenthaler im *kicker* unmissverständlich, schließlich müsse ein Bremer Sieg in Nürnberg einkalkuliert werden. „Und wir müssen aufpassen, dass unser Rückstand nicht noch weiter anwächst."

Auch mit Matthäus sprach ich vor der Partie in Hamburg. Man werde sich durch die schwarze Serie der Hamburger, die nach drei Niederlagen in Folge auf Rang fünf abgerutscht waren, nicht blenden las-

Für die Rubrik „Fragen Sie Ihren Star" des *fußball-magazin* traf ich Lothar Matthäus in Travedona, im Trainingslager von Inter Mailand.

sen, betonte er am Telefon, und dann schrieb ich wörtlich weiter: „,Der HSV ist nach wie vor ein Spitzenteam', warnt der Jungvater, der zurzeit auf seine gewohnte Nachtruhe verzichten muss: Tochter Alisa kräht seit Montag im elterlichen Haus herum."

Nun fragen Sie sicher, was das nächtliche Schreien eines Kindes in der Vorschaugeschichte auf ein Spitzenspiel der Bundesliga verloren hat. Und ich antworte: „Ist mir heute auch ein Rätsel." Doch damals glaubte ich offenbar, die Nachricht von der Geburt des ersten Kindes von Sylvia und Lothar ebenso in meinem Artikel unterbringen zu müssen wie die Meldung, dass Abwehrspieler Hans Pflügler in der Nacht nach dem 5:0-Sieg in Hannover am 1. Februar am Steuer seines Autos in eine Polizeikontrolle getappt war und nun das Ergebnis seiner Blutuntersuchung erhalten hatte: 0,7 Promille, „gerade noch einmal davongekommen also".

Aber zurück zu Alisa. Natürlich wusste selbst ich, dass die deutsche Sprache in erster Linie Hähne krähen lässt. Doch nicht nur im Fränkischen dürfen auch Kinder gerne einmal krähen, wie es das *PONS Großwörterbuch Deutsch als Fremdsprache* verrät. Dort heißt es: „Ein Kind kräht: Mit hoher, heller Stimme schreien. Beispiel: Das Baby krähte vergnügt."

Also ein durchaus liebenswertes Geräusch, dieses menschliche Krähen. Matthäus sah dies anders, wie er mir kurz darauf unmissverständlich klarmachte.

Am 1. März 1986 gastierte der FC Bayern in Nürnberg, und wie immer hielten wir schreibende Journalisten uns vor dem Anpfiff auf der Aschenbahn des Stadions auf. Eine halbe Stunde vor Spielbeginn erschienen die Bayern-Profis im Kabinengang und trabten geschlossen zu ihren Aufwärmübungen ins Freie hinaus – nur einer nicht. Matthäus hatte blitzschnell die Lage gepeilt, mich erspäht und steuerte nun schnurstracks auf mich zu. „Harald, kommst du mal kurz mit?", sagte er und zog mich ein paar Meter weg von den anderen Reportern. „Ich weiß nicht, wie das mit deiner Kristina ist", fuhr er dann mit einem gefährlichen Beben in der Stimme fort. „Meine Alisa kräht jedenfalls nicht zu Hause herum, und ich möchte nicht, dass du jemals wieder ein Wort über mein Privatleben schreibst."

Verblüfft, nein, entgeistert ließ er mich am Spielfeldrand zurück, während er zu den anderen Spielern auf den Rasen sprintete.

Was war das jetzt? Klarer Fall einer Übersprunghandlung, sagte ich mir während des Derbys, das die Münchner durch ein Tor von Michael Rummenigge in der 62. Minute mit 1:0 gewannen, ausgelöst durch die Angst der Bayern, den Meistertitel zu verpassen. Und ich war felsenfest überzeugt, dass sich Matthäus bald wieder beruhigen würde. Doch da täuschte ich mich. Mehr als ein Jahr lang sprach er nicht mit mir; alle Versuche, dies wieder zu ändern, blockte er entschlossen ab. Stets musste ich mich nach den Spielen zu einem Rudel anderer Journalisten hinzugesellen, um ein paar Aussagen aus seinem Mund einzufangen, selbst auf der rauschenden Meisterfeier des FC Bayern in der Münchner Sankt Emmeramsmühle in der Nacht vom 26. auf den 27. April 1986 blieb er – mir gegenüber – stumm. Warum ihn dieser eine Satz so getroffen hatte, hat er mir nie erklärt.

Erst während des zehntägigen Wintertrainingslagers der Münchner in Bahrain Anfang 1988 begann sich unser Verhältnis langsam zu entspannen. Wir redeten wieder miteinander, über den FC Bayern, die Bundesliga und die bevorstehende Europameisterschaft, zu zweit am Pool des Sheraton-Hotels von Manama und einmal auch zu dritt, mit meinem *Bild*-Kollegen Raimund Hinko auf Lothars Hotelzimmer während des Kurzausflugs zu einem Freundschaftsspiel in Doha, der Hauptstadt Katars.

In den Jahren danach schrieb ich noch so manche Geschichte über ihn. Im November 1990, vier Monate nach dem Triumph der deutschen Nationalelf um ihren Kapitän Lothar Matthäus bei der WM in Italien, trafen wir uns in Travedona, im Trainingslager seines Vereins Inter Mailand, für die Rubrik „Fragen Sie Ihren Star" unserer Monatszeitschrift *fußball-magazin*. Bereitwillig und ausführlich beantworte Lothar die Fragen unserer Leser, auch die „unsportlichen". Er verriet, dass ihn der Fall der Berliner Mauer persönlich „sehr stark" berührt habe („Als ich die Bilder vom Mauersturz hier in Italien im Fernsehen sah, lief es mir eiskalt den Rücken hinunter"), dass er sich gerade eine CD mit Musik von Wolfgang Amadeus Mozart gekauft habe und dass er von einem Urlaub in Kanada träume, davon, „drei Monate lang in Jeans und Turnschuhen die unberührte kanadische Wildnis zu erleben".

Nachdem wir alle Postkarten durchgegangen waren, plauderten wir noch eine Stunde lang weiter – über Fußball. Über unsere Familien, die Frauen und die Kinder unterhielten wir uns nie wieder, und dabei hätte es ab und zu durchaus Gesprächsstoff gegeben. Auch wegen des einen oder anderen Madla.

HANS
MEYER

EINE TORCHANCE.
ODER DOCH NICHT?

Seit dem Bundesligastart am 24. August 1963 verteilt der *kicker* nach jeder Partie Noten, von einer Eins für sehr gut bis zur Sechs für ungenügend. Bewertet werden die eingesetzten Spieler, sofern sie mehr als 60 Minuten auf dem Platz standen, das Schiedsrichtergespann und die Begegnung an sich. Zum Beispiel so: „Spielnote 1, ein rasantes, spannendes Offensivspektakel mit vielen schön herausgespielten Chancen." Oder auch so: „Spielnote 6, ohne spielerische Höhepunkte und Tempo, dazu viele einfache Fehler und Missverständnisse auf beiden Seiten."

Zensuren, nicht nur in der Schule eine heikle Angelegenheit. Da gibt es Profis, die – nach eigener Aussage – schon lange keine Zeitung und erst recht keine Sportzeitschrift mehr lesen und doch plötzlich gruß- und wortlos an dir vorbeimarschieren, weil sie auf wundersame Weise von ihrer Note erfahren haben und sich wieder einmal viel zu schlecht beurteilt fühlen.

Auch gibt es Spieler, die zur Übermittlung ihrer Boykotthaltung ihre bessere (?) Hälfte vorschicken. „Sie brauchen sich gar nicht zu wundern, dass mein Mann nicht mehr mit Ihnen spricht", giftete mich etwa Nicole Tarnat, die Frau des KSC-Linksverteidigers Michael Tarnat, im Frühjahr 1995 nach dem Abpfiff eines Bundesligaspiels im Karlsruher Wildparkstadion an, „wenn Sie ihm ständig so schlechte Noten geben!" „Haben Sie sich schon mal überlegt, dass dies vielleicht daran liegen könnte, dass Ihr Mann ständig so schlecht spielt?", schleuderte ich zurück, doch da war die blonde Nicole auch schon halb im Aufzug Richtung VIP-Raum verschwunden. (Unglaublich übrigens, welch weitreichende Folgen meine flapsige Antwort hatte: In der Saison 1995/96 zeigte Tarnat plötzlich ansehnliche Leistungen, wurde von Berti Vogts 1996 erstmals in die Nationalmannschaft berufen und wechselte 1997 für knapp fünf Millionen Mark zum FC Bayern.)

Und es gibt Spielerberater, die selbst nie gegen einen Ball getreten haben, aber glauben, dich via Telefon der fußballerischen Ahnungslosigkeit zeihen und wegen der jüngsten Note für ihren Klienten beschimpfen zu müssen. Man gewöhnt sich an alles.

Seit der Saison 1988/89 nun erfassen wir Reporter im Stadion auch das Chancenverhältnis. Im Schnitt werden in 90 Bundesligaminuten elf bis zwölf Chancen gezählt, auch ein 0:0 hat es einmal gegeben: Das Derby VfL Bochum gegen Wattenscheid 09 am 33. Spieltag der Saison 1990/91 lief zum Glück ohne mich über die Bühne und endete überraschenderweise 0:0. Doch wo sich Profis, Spielerfrauen und Berater immer wieder über Spieler- und Schiedsrichternoten empören, wo sich Leser auch schon mal über die Spielnote aufregen, da wurde ich nur ein einziges Mal in all den Jahren wegen eines angeblich völlig falschen Chancenverhältnisses angesprochen – von Hans Meyer.

Es sah nicht gut aus für den 1. FC Nürnberg im Winter 2007/08. Dem 2:1-Auswärtssieg bei Hansa Rostock am zweiten Spieltag war eine Serie von sieben Begegnungen ohne Sieg und der Sturz auf einen Abstiegsrang gefolgt. In fremden Stadien brachten die durch den Wechsel von Torhüter Raphael Schäfer zum VfB Stuttgart entscheidend geschwächten Franken kein Bein mehr auf die Erde; die Hinrunde beendeten sie auf Platz 16. Trainer Hans Meyer, der den Club im November 2005 als Tabellenletzten übernommen, zunächst vor dem Abstieg gerettet, 2006/07 dann bis auf Platz sechs und am 26. Mai 2007 zum DFB-Pokalsieg, dem ersten Titelgewinn seit 39 Jahren, geführt hatte, geriet immer stärker unter Druck. „Wir werden nicht mit Hans Meyer in die 2. Liga gehen", kündigte Sportdirektor Martin Bader an.

2. Februar 2008, Wildparkstadion. Meyers Traum von einem perfekten Rückrundenauftakt erfüllte sich nicht, im Gegenteil: Der Club unterlag bei Aufsteiger Karlsruher SC nach Treffern von Christian Eichner und Joshua Kennedy mit 0:2 und blieb auch nach 18 Spieltagen auf dem ersten Abstiegsplatz stecken. Eine verdiente Niederlage, was die gezeigten Leistungen, die Spielanteile und – das Chancenverhältnis anging. 9:5 für den KSC notierten wir im *kicker*.

Am Montagmorgen, ich saß noch keine Stunde im Büro, klingelte mein Telefon. „Herr Kaiser, hier ist Meyer. Haben Sie heute Mittag eine Stunde Zeit und könnten so um zwölf Uhr in mein Büro kommen?" „Klar", antwortete ich, ohne zu zögern. Vom ersten Tag seiner Amtszeit beim 1. FCN bereiteten mir die kurzweiligen Unterhaltungen mit dem einst in der DDR so erfolgreichen Fußballlehrer – mit Carl Zeiss Jena erreichte er 1981 sensationell das Finale des Europapokals der Pokalsieger in Düsseldorf, das er gegen Dinamo Tiflis mit 1:2 verlor – viel Vergnügen, und dies nicht nur, weil er fachliche Diskussionen stets mit seinen berühmten Bonmots aufzulockern pflegte. (Immer noch sehr lustig finde ich den Spruch über den ghanaischen Stürmer Lawrence Aidoo auf seiner ersten Bundesligastation zehn Jahre nach dem Mauerfall in Mönchengladbach: „Er lernt jetzt auch schon seit zwei Jahren die deutsche Sprache und kann schon ‚Guten Tag‘ sagen.")

Pünktlich um die Mittagszeit traf ich auf dem Trainingsgelände am Nürnberger Valznerweiher ein. Meyers Co-Trainer Jürgen Raab wartete bereits am Eingang zum Lizenzspielertrakt und geleitete mich ins Trainerbüro, wo ein Laptop eingeschaltet auf dem Tisch stand. „Jürgen Raab hat unsere Angriffsaktionen aus dem Spiel beim KSC zusammengeschnitten", sagte Meyer nach einer kurzen Begrüßung. „Die würde ich jetzt gern mit Ihnen anschauen."

Na gut, warum nicht. Ich nahm Platz vor dem Computer, Meyer setzte sich auf einen Stuhl links von mir, Raab baute sich stehend hinter mir auf. Kompakt in sieben Minuten bekam ich noch einmal die Nürnberger Offensivszenen des Spiels im Wildparkstadion vorgeführt. Ich sah Marco Engelhardt, wie er einmal übers Tor schoss und einmal daneben, wie KSC-Torhüter Markus Miller per Faustabwehr klärte, wie Marek Mintál am Tor vorbeizielte und zwei seiner Schüsse in der gegnerischen Abwehr hängen blieben, wie Jan Koller einmal über das Tor köpfte und einmal daneben und wie zwei harmlose Schüsse von Angelos Charisteas zur sicheren Beute Millers wurden.

Ende der Vorstellung. Raab hatte laut mitgezählt: eine Chance, zwei, drei, zehn. „Wir hatten also mindestens zehn Chancen", sagte Meyer schließlich, „nicht fünf, wie Sie schreiben." „Aber Herr Meyer", entgegnete ich, „ein Roller wie der von Charisteas, aus gut 20 Metern genau in die Tormitte, das ist doch keine Chance!"

„Herr Kaiser", begann Meyer in staatstragendem Ton. „Sie sind doch auch schon lange im Geschäft. Wissen Sie nicht mehr, wie Oliver Kahn vor ein paar Jahren in der Champions League gegen Göteborg einen harmlosen Rückpass stoppen wollte, den Ball nicht traf und so das 0:1 fiel?" „Klar, daran erinnere ich mich noch gut", sagte ich forsch, freilich nicht der Wahrheit entsprechend. „Sehen Sie. Und haben Sie nicht mehr vor Augen", fuhr der Club-Trainer fort, „wie viele Bundes-

HANS MEYER

Geboren am 3.11.1942 in Briesen/Sudetenland (heute Tschechien)

- 30 Oberligaspiele für Carl-Zeiss Jena, 1 Tor
- DDR-Meister 1968, 1970
- Stationen als Trainer: FC Carl Zeiss Jena, FC Rot-Weiß Erfurt, FC Karl-Marx-Stadt/Chemnitzer FC, Union Berlin, Twente Enschede, Borussia Mönchengladbach, Hertha BSC, 1. FC Nürnberg
- Erfolge als Trainer: 1981 Finalist im Europapokal der Pokalsieger
- DDR-Pokalsieger 1972, 1974, 1980
- DFB-Pokalsieger 2007

ligatorhüter in der Vergangenheit an sich ungefährliche Schüsse unter ihrem Körper ins Tor rutschen ließen?" „Schon", antwortete ich, diesmal reinen Gewissens, „aber ich kann doch nicht jeden Ball, der irgendwie aufs Tor kommt, als Chance werten!" „Doch", meinte Meyer, jeder Schuss, jeder Kopfball zwischen die beiden Pfosten sei eine Torchance und müsse von mir auch als solche gezählt werden.

Nach einer kurzen Verabschiedung fuhr ich zurück in die Redaktion. Fünf Chancen oder zehn? Hans Meyer – der übrigens nach einem 1:1 zu Hause gegen Hansa Rostock schon eine Woche später auf stillose Weise entlassen wurde – hatte mich verunsichert, und seine Worte klangen mir noch lange in den Ohren.

Heute bin ich einfach nur froh, dass ich im Stadion nicht mehr mitzählen muss. Was ist eine Torchance und was nicht? Fragen Sie mich nicht.

MAX
MORLOCK
DAS PHANTOM

Man könnte sie Tage kollektiver Erinnerung nennen. Tage, an denen sich historische Ereignisse abspielten und jeder genau weiß, was er in diesen Stunden wo getan hat. Nehmen wir, das klassische Beispiel, den 11. September 2001, den Tag des Terroranschlags auf das World Trade Center. Wo warst du, als du von 9/11 erfuhrst? Sogar mein jüngerer Bruder Helmut, dessen bisweilen erstaunliche Vergesslichkeit von privaten Terminen wir Familienmitglieder mit Blick auf sein prall gefülltes Langzeitgedächtnis als völlig natürlichen Prozess begreifen, hat keine Probleme mit der Beantwortung dieser Frage: „Ein Patient in meiner Praxis sagte plötzlich zu mir: Haben Sie's schon gehört? Die Welt steht am Abgrund!"

Ich selbst saß an jenem Dienstagnachmittag beim Friseur und erfuhr aus den 16-Uhr-Nachrichten des Radiosenders Bayern 3 von den unfassbaren Ereignissen in New York. Damit erschöpft sich mein Erinnerungsvermögen schon fast – nicht einmal, wo ich den 9. November 1989, den Tag, den Abend, die Nacht des Mauerfalls verbracht habe, kann ich heute noch sagen.

Für meine Umwelt wenig überraschend aber weiß ich noch genau, wo und wie ich jeden der acht Abstiege des 1. FC Nürnberg aus der Bundesliga in die Zweitklassigkeit erlebt habe. Angefangen beim 7. Juni 1969 – ich spielte mit meinen Freunden Rudi, Georg, Horsti und Wolle selbst Fußball im Nürnberger Luitpoldhain –, als der Club als amtierender deutscher Meister, einmalig in der Geschichte der Bundesliga, durch ein 0:3 beim 1. FC Köln am 34. Spieltag den bitteren Gang in die Regionalliga antreten musste.

Die unheimlich spannende Aufzählung meiner Aufenthaltsorte bei den sieben weiteren Abstiegen der Jahre 1979, 1984, 1994, 1999, 2003, 2008 und 2014 erspare ich Ihnen. An dieser Stelle nur noch ein weiteres Datum, weil es das Schicksal des bedeutendsten Vereins meiner

Heimatstadt bis zum heutigen Tag entscheidend beeinflusst hat: der 22. Dezember 2012.

Eine wenig berauschende Hinrunde hatte der FCN unter Trainer Dieter Hecking mit 20 Punkten und Rang 14 beendet. Die gerade angebrochene Winterpause bescherte mir einen mobiltelefonfreien Samstagnachmittag, an dem es mich in eines der schmälsten Häuser Nürnbergs zog – in die Galerie Arauco am Trödelmarkt, wo der Chilene Alejandro Franco und seine Frau Annette auf nur drei Metern Breite und mehreren Ebenen Schmuck und Wein verkaufen und die Kunst und Kultur Lateinamerikas ausstellen.

Alejandro, einer seiner Freunde namens Thomas, ein Arzt, der ein paar Tage zuvor von einer zweimonatigen Reise als Schiffsarzt auf einem Kreuzfahrtschiff zurückgekehrt war, und ich hatten soeben mit einem Glas chilenischen Carménère-Rotweins auf ein ruhiges, friedliches Weihnachtsfest angestoßen, als uns Thomas eine auf seinem Telefon aufblitzende Nachricht unter die Nase hielt: „Hecking verlässt den FCN." In der Tat, der Fußballlehrer, seit Dezember 2009 für die Geschicke der Club-Profis verantwortlich, hatte Sportvorstand Martin Bader ohne jede Vorwarnung mitgeteilt, dass er eine Ausstiegsklausel in seinem erst zu Saisonbeginn bis 2014 verlängerten Vertrag nutzen und mit sofortiger Wirkung zum VfL Wolfsburg wechseln werde. Eine schöne Bescherung. „Ich bin enttäuscht, dass er nicht dafür zu gewinnen war, zumindest bis zum Saisonende zu bleiben", sagte Bader.

Unter der besonnenen Führung des im Januar 2004 angetretenen Sportökonomen hatte der Club bis dahin einen steilen Aufschwung auf allen Ebenen hingelegt, mit dem DFB-Pokalsieg von 2007 unter Trainer Hans Meyer als Krönung. Ab jenem Vorweihnachtstag des Jahres 2012 jedoch lag Bader mit seinen Trainerentscheidungen daneben. Michael Wiesinger wurde viel zu früh, nach acht Spieltagen der Saison 2013/14, entlassen, und keiner seiner Nachfolger brachte die Hecking eigene Fähigkeit mit, das Optimale aus der Mannschaft herauszukitzeln.

An jenem 22. Dezember 2012 gewann ich in Thomas einen neuen Freund – mit dem 1. FC Nürnberg, der sich 63 Jahre lang, von 1924 bis 1987 deutscher Rekordmeister nennen durfte, aber ging's bergab. 2014 landete er wieder einmal in der Zweitklassigkeit, wo er bis zum glücklichen Wiederaufstieg 2018 vier Jahre lang herumkrebste.

Anhänger des Vereins aus der fränkischen Halbmillionenstadt bin ich seit meiner Schulzeit. Während meine jüngere Schwester Ute, eine

begeisterte Fußballliebhaberin, voll auf den schwarzhaarigen Abwehrspieler Uli Pechtold abfuhr, hatte ich als Jugendlicher zwei andere
Idole. Zum einen Dieter Nüssing, den ungemein kampfstarken und torgefährlichen Mittelfeldspieler, einziger Lichtblick während der grauen
und tristen Regionalligajahre ab 1969; Ironie des Schicksals, dass der
Club sein großes Ziel Wiederaufstieg nach acht vergeblichen Anläufen
ausgerechnet in der Saison 1977/78 erreichte, vor der sich der blonde
Dieter Richtung Hertha BSC verabschiedet hatte.

Während ich Nüssing, heute sportlicher Leiter des Nachwuchsleistungszentrums der Franken, in meiner Zeit als Reporter näher kennen-
und auch menschlich schätzen lernte, versäumte ich es, mit dem zweiten
meiner Vorbilder in Kontakt zu treten – mit Max Morlock. Fast eineinhalb Jahrzehnte lang hätte ich Zeit gehabt; als ich 1980 mein Volontariat beim *kicker* begann, war Morlock gerade mal 55 Jahre jung. Drei-
oder viermal hatte ich Walter Setzepfands Buch *Max Morlock. 13, meine
Glückszahl* gelesen und alles über den Mann erfahren, der im Mai 1925
im Nürnberger Stadtteil Gleißhammer das Licht der Welt erblickt hatte
und vom Straßenfußballer zum Weltmeister aufgestiegen war.

Mit gerade einmal 16 Jahren feierte Morlock, mit seinen 1,70 Metern
Länge körperlich alles andere als ein Riese, seinen Einstand in der ersten Mannschaft des FCN. 0:0 hieß es am Anfang und am Ende der Partie gegen Wacker München, und sein Trainer Hans „Bumbes" Schmidt
raunte ihm nach dem Abpfiff zu: „War gut so, wird schon noch." Was
aus dem Fränkischen übersetzt so viel heißt wie: Superspiel gemacht,
Maxl!

Dieser seiner ersten Begegnung ließ er mehr als 900 weitere im
weinroten Dress der Franken folgen, schnell entwickelte er sich zum
Schrecken aller gegnerischen Abwehrreihen. Obwohl meist kleiner als
seine Kontrahenten, überragte er alle mit seiner durch unermüdliches
Training am Kopfballpendel erworbenen Kopfballstärke. „Das Sprung-
vermögen ist es nicht allein", meinte er. „Dazu kommt die Fähigkeit,
den Flug des Balles zu berechnen, genau im richtigen Augenblick zu
springen und dann am höchsten in der Luft zu sein, wenn du den Ball
mit dem Kopf triffst."

1947/48 schoss er den FCN mit 30 Toren zur Meisterschaft in der
Oberliga Süd. Nach einem 3:2-Sieg im Halbfinale gegen den FC St.
Pauli holte sich der Club durch ein 2:1 gegen den 1. FC Kaiserslau-
tern in Köln seinen siebten Titel. „Aus meiner Sicht war Morlock, der

Halbrechte des Club, überragend", sagte FCK-Kapitän Fritz Walter, auch in der Niederlage unglaublich fair, nach dem Schlusspfiff. „Er war sowohl im Sturm wie in der Abwehr zu Hause, und in den für uns unpassendsten Augenblicken tauchte er immer da auf, wo wir ihn nicht erwarteten."

Immer da, wo ihn keiner erwartet: Morlock, schon er ein Phantom, rund fünfeinhalb Jahrzehnte bevor ein anderer Club-Spieler mit diesem Attribut bedacht wurde – der Slowake Marek Mintál, der sich in der Saison 2004/05 als bis heute einziger Nürnberger Profi mit 24 Treffern den Titel eines Torschützenkönigs der Bundesliga sicherte und zum großen Idol der Generation nach mir aufstieg.

Im ersten Nachkriegsländerspiel im November 1950 gegen die Schweiz in Stuttgart gab Morlock seinen Einstand in der deutschen Nationalmannschaft; bereits in seinem zweiten Spiel im September 1951 in Wien gegen Österreich glückte ihm der erste Treffer. Fortan mochte Bundestrainer Sepp Herberger nicht mehr auf ihn verzichten, schätzte er ihn doch als „idealen Verbinder" zwischen Abwehr und Angriff.

Auch in vier seiner fünf weiteren Länderspiele der Jahre 1951 und 1952 trug sich der Club-Stürmer in die Torschützenliste ein, beim 2:0 gegen die Türkei im November 1951 in Istanbul sogar zweimal. Nur beim 2:2 gegen Spanien kurz vor Silvester 1952 in Madrid ging er leer aus.

In seiner Heimatstadt kannte ihn mittlerweile jeder, und im übrigen Deutschland? Einer auf alle Fälle nicht, wie Morlock einmal erzählte. „Beim Länderspiel gegen Österreich im März 1953 in Köln bin ich Bundespräsident Theodor Heuss begegnet", berichtete er. „Unser Kapitän Fritz Walter stellte ihm jeden Spieler der deutschen Mannschaft vor. Ich stand als Letzter in der Reihe. Als ich Heuss die Hand schüttelte, sprach er mich an: ,Und Sie sind sicher der Torwart!' Ich überlegte blitzschnell. Sollte ich Nein sagen und damit vielleicht eine peinliche Situation heraufbeschwören? Lieber nicht. ,Ja, Herr Bundespräsident', sagte ich einfach. ,Ich bin der Torwart.'"

Gut ein Jahr später aber wusste auch der Fußballlaie Heuss, dass er in Köln dem torgefährlichsten deutschen Spieler der späten 1940er und frühen 1950er Jahre gegenübergestanden hatte. Hatte Morlock schon in den vier Qualifikationsspielen zur Weltmeisterschaft 1954 gegen Norwegen und das Saarland allein sechsmal getroffen, so erlebte er beim Turnier in der Schweiz den absoluten Höhepunkt seiner Karriere.

Fünf Tore steuerte der damals 29-Jährige zum sensationellen Einzug der Nationalelf ins Finale bei.

Das Endspiel am 4. Juli 1954 im Berner Wankdorfstadion. Gegen die Ungarn, gegen die Deutschland in den Gruppenspielen – ohne Morlock – mit 3:8 untergegangen war, gelang ihm, dem neben Läufer Karl Mai von der SpVgg Fürth zweiten Franken in Herbergers Elf, nur zwei Minuten nach dem 0:2 durch Zoltán Czibor der so wichtige Anschlusstreffer. Herbert Zimmermann schilderte das 1:2, das Morlock selbst „mein liebstes und wichtigstes Tor" nannte, in seiner legendären Radioreportage so: „Der Schuss von Rahn aus Linksaußenposition wurde abgefälscht von einem Abwehrspieler der Ungarn. Im Spagatschritt warf sich Maxl Morlock aus Nürnberg in die Schussbahn, und mit allerletzter Kraft schiebt er den Ball am ungarischen Torsteher Grosics vorbei in das äußerste linke Eck von uns aus gesehen."

Dann, um 18.36 Uhr deutscher Zeit, brüllte Zimmermann die historischen acht Worte „Aus, aus, aus, aus, das Spiel ist aus!" in sein Mikrofon. Deutschland war erstmals Weltmeister, und für die Helden von Bern begann am Tag darauf ein Triumphzug durch Deutschland. Am 7. Juli, bei einem großen Empfang für den Halbstürmer in Nürnberg, beendete Morlock seine Dankesrede mit folgendem Satz: „Jetzt habe ich nur noch einen Wunsch: Ich möchte mit dem Club noch einmal eine deutsche Meisterschaft holen."

MAX MORLOCK

Geboren am 11.5.1925 in Nürnberg

Gestorben am 10.9.1994 in Nürnberg

- 26 Länderspiele, 21 Tore
- 21 Bundesligaspiele, 8 Tore sowie 451 Oberligaspiele, 286 Tore für den 1. FC Nürnberg
- Weltmeister 1954
- Deutscher Meister 1948, 1961
- Deutschlands Fußballer des Jahres 1961

1957 erblickte ich das Licht der Welt. In unserer Wohnung im Stadtteil St. Peter, nur rund 500 Meter Luftlinie entfernt von Morlocks Elternhaus in der Schlossstraße 51, interessierte ich mich zunächst nur für die kleinen Bälle, die mir meine Eltern Hermann und Renate schenkten, und eher weniger für den großen Fußball. So bekam ich nicht mit, dass Morlocks Nationalmannschaftskarriere im Dezember 1958 mit einem Tor bei der 1:2-Niederlage gegen Ägypten in Kairo nach stolzen 21 Treffern in 26 Länderspielen ausklang, genauso wenig, dass sein großer Wunsch, mit seinem Club noch einmal Meister zu werden, zweieinhalb Jahre später in Erfüllung ging. Durch ein 3:0 gegen Borussia Dortmund gewann der 1. FC Nürnberg am 24. Juni 1961 seinen achten deutschen Meistertitel. Es war der Triumph der „jungen Wilden" – das Durchschnittsalter der Endspielelf von Hannover betrug 23,7 Jahre, wobei Morlock, der im Herbst 1961 zu Deutschlands Fußballer des Jahres gekürt wurde, mit seinen 36 Jahren den Schnitt noch gewaltig nach oben schraubte.

„Hannover wurde zum Triumph der Nürnberger Jugend", schrieb der frühere Nationalspieler Hans Fiederer im *Sport-Magazin*, „und zur Krönung der einmaligen Laufbahn Maxl Morlocks, dem Musterbeispiel eines Sportlers, dem selbst zwei deutsche Meistertitel, die Weltmeisterschaft 1954 in der Schweiz, 800 Spiele für seinen Club und 20 Jahre aktiver Zeit in der ersten Ligamannschaft nicht den Kopf verdrehen können. Es mag im Rausch des Glücks übertrieben, vermessen klingen: Diesem Maxl Morlock sollte man im Zabo ein Denkmal setzen." Was auch geschah, doch bis dahin musste noch viel Wasser die Pegnitz hinunterfließen.

Am Premierenspieltag der Bundesliga am 24. August 1963 erzielte Morlock beim 1:1 bei Hertha BSC Berlin das erste Nürnberger Tor in der neuen Eliteklasse. Mein Vater erzählte mir immer wieder, dass er mich zum ersten Rückrundenheimspiel gegen ebenjene Hertha erstmals mit in den Zabo, Heimstätte des FCN in den ersten Bundesligajahren, genommen habe. Der Club verlor mit 2:3, vielleicht habe ich deshalb keinerlei Erinnerungen mehr an diesen Nachmittag. (Außerdem fehlte Morlock, wie ich inzwischen weiß, ohnehin wegen einer Verletzung.)

Nach 21 Einsätzen und acht Toren in der Saison 1963/64 beendete der Weltmeister seine aktive Laufbahn, dem Club aber blieb er weiterhin eng verbunden. Er besuchte jedes Heimspiel seines Vereins – wie ich von 1968 bis 1978, ohne ihm auch nur ein einziges Mal zu begegnen – und gab, wann immer er darum gebeten wurde, seine immense Erfahrung beratend weiter. Wie ich bejubelte er in der Saison 1967/68 den neunten und bis heute letzten deutschen Meistertitel des FCN und haderte nach dem unbegreiflichen Abstieg der Folgesaison mit dem Fußballgott. Die Frage, warum ich in den ersten 14 Jahren meiner Zeit beim *kicker* nie auf den Gedanken kam, ihn einmal in seinem Toto-Lotto-Geschäft in der Nürnberger Südstadt zu besuchen, zählt für mich heute zu den großen Rätseln meines Lebens.

1994 starb der Maxl im Alter von nur 69 Jahren. Nicht einmal zwölf Monate nach seinem Tod wurde die Freifläche vor dem 1928 erbauten und zuletzt vor der Weltmeisterschaft 2006 modernisierten Städtischen Stadion in „Max-Morlock-Platz" umbenannt, seit 2006 trägt auch Block 8 seinen Namen. Damit nicht genug: Seit 2008 reckt Morlock in Gestalt einer vom Hirschaider Künstler Edgar Hahn modellierten Bronzestatue vor der Nordkurve des Stadions eine Meisterschale in den Himmel.

Am 30. Juli 2017 schließlich ging ein langgehegter Nürnberger Traum in Erfüllung. Weil die Consorsbank, die sich die Namensrechte am Stadion im Dezember 2016 für drei Jahre gesichert hatte, satte 2,4 Millionen Euro lockermachte, liefen die FCN-Profis im Auftaktspiel der Zweitligasaison 2017/18 gegen den 1. FC Kaiserslautern erstmals zu einem Punktspiel ins Max-Morlock-Stadion ein. Der Club siegte mit 3:0 und schaffte gleich in der ersten Saison in der umbenannten Spielstätte nach vier bitteren Zweitligajahren den Wiederaufstieg in die Bundesliga.

Heimspiele im Max-Morlock-Stadion – ein kleines Trostpflaster für einen, der den größten Spieler in der Geschichte des 1. FC Nürnberg nie kennengelernt hat.

Klar, der Startschuss fällt viel zu spät, oft weit nach 23 Uhr. Dennoch zählt das *Aktuelle Sportstudio* zu meinen Lieblingssendungen im deutschen Fernsehen. Alle Spiele, alle Tore aus der Bundesliga, unterhaltsam aufbereitet von Fußballkennern wie Lars Ruthemann oder Béla Réthy, Gespräche, mal amüsant, mal sachlich, mit oft spannenden Gästen und natürlich die legendäre Torwand – so etwas wie eine Rundumversorgung für die Fußballinteressierten im Lande am Samstagabend im ZDF.

Das erste Sportstudio flimmerte am 24. August 1963, dem Abend des Premierenspieltags der Bundesliga, über die Bildschirme. Bemerkenswert, dass die Ereignisse, die einige der mittlerweile rund 2.700 Sendungen unvergesslich machten, mit Fußball nichts oder nur wenig zu tun hatten. Angefangen beim legendären Auftritt des Berliner Halbschwergewichtsboxers Norbert Grupe alias Prinz von Homburg am 21. Juni 1969, der am Tag nach seiner krachenden Drittrundenniederlage gegen den Argentinier Óscar Bonavena fünf Fragen des Moderators Rainer Günzler wortlos, nur mit einem spöttischen Lächeln und verächtlichem Schnaufen beantwortete. Nach zwei Minuten verabschiedete ihn Günzler mit dem Satz, „ich bedanke mich für dieses Gespräch, es war reizend", und auch der falsche Prinz hatte seine Sprache plötzlich wiedergefunden und bedankte sich seinerseits: „Es war sehr aufschlussreich."

In die Geschichte ein ging auch das *Sportstudio* vom 16. Oktober 1971, als das Schimpansenmännchen Porgy Maria Baumann, der fünften Frau des fünffachen Schwimm-Olympiasiegers und Tarzan-Darstellers Johnny Weissmüller, die Perücke vom Kopf riss. Verblüffend unbeeindruckt setzte sich Frau Baumann das Haarteil wieder auf den Kopf - vielleicht auch, weil sie vor der Sendung, wie der stets souveräne Moderator Dieter Kürten Jahre später in seiner lesenswerten Autobiografie *Drei unten, drei oben* verriet, vier doppelte Cognac gekippt hatte. Oder die Sendung vom 21. Juli 1973, in der Carmen Thomas, die als erste Frau durchs *Sportstudio* führte, einen Beitrag vom Intertotorundenspiel „Schalke 05 gegen – äh, jetzt hab ich's vergessen – Standard Lüttich" ankündigte, dazu der spektakuläre, die Grenzen des guten Geschmacks jederzeit locker überschreitende verbale Schlagabtausch zwischen Bayern-Manager Uli Hoeneß und Trainer Jupp Heynckes auf der einen und Kölns Sportdirektor Udo Lattek und Trainer Christoph Daum auf der anderen Seite am 20. Mai 1989.

Und dann war da noch, natürlich, die Sendung vom 19. Dezember 1998. Als Studiogast legte Ralf Rangnick, Trainer des SSV Ulm 1846, dem jungen Moderator Michael Steinbrecher und den Zuschauern an einer Magnettafel eine hierzulande noch kaum verbreitete Verteidigungsstrategie namens Viererkette dar. Wo die deutsche Nationalmannschaft unter Berti Vogts mit ihrem „Rumpelfüßler"-Fußball bei der WM 1998 in Frankreich im Viertelfinale gegen Kroatien ausgeschieden war und sich auch der neue Nationaltrainer Erich Ribbeck, sagen wir's positiv, nicht unbedingt als Freund taktischer Innovationen erwies, da hatte Rangnick die Mannschaft der Namenlosen des SSV Ulm mit frischen Ideen und seinem Konzeptfußball aus der Regionalliga Süd in die 2. Bundesliga und dort sensationell zur Herbstmeisterschaft geführt.

Obschon er im Sportstudio, mit Nickelbrille, zu weitem Sakko und einer an seinem schlanken, durchtrainierten Körper schlabbernden Stoffhose ganz in Schwarz gekleidet, alles andere als schulmeisterlich auftrat, sondern versuchte, sein System des ballorientierten Verschiebens auch für Nichtexperten transparent zu machen, kam der Auftritt des Emporkömmlings bei seinen etablierten Fußballlehrerkollegen und Traditionalisten nicht sonderlich gut an. Schnell klebten sie ihm das abschätzige Etikett eines „Fußballprofessors" auf die Stirn. Ribbeck, gar nicht feige, polterte gar, Rangnick habe „Binsenweisheiten in einer Form dargeboten, als seien die Trainer in der Bundesliga Volltrottel".

Viereinhalb Monate nach seinem *Sportstudio*-Auftritt kehrte Rangnick zurück zu seinen Wurzeln. Von 1976 bis 1979 hatte er parallel zu seinem Lehramtsstudium bei den Amateuren des VfB Stuttgart gespielt und später insgesamt sechs Jahre lang dessen zweite

Mannschaft bzw. die U 19 trainiert. Am 3. Mai 1999 übernahm er
die Bundesligamannschaft der Schwaben, die zu diesem Zeitpunkt
29 Spieltage einer chaotischen Spielzeit hinter sich hatte. Die Unruhe,
die der zu Saisonbeginn verpflichtete und schon Anfang Dezember
1998 wieder beurlaubte Trainer Winfried Schäfer in den Verein für
Bewegungsspiele hineingetragen hatte, war auch unter seinem Nachfolger Rainer Adrion nicht vollständig gewichen. Der VfB, im Jahr
zuvor unter Joachim Löw noch stolzer Vierter und Finalist im Europapokal der Pokalsieger, schwirrte mit nur vier Punkten Vorsprung auf
Abstiegsplatz 16 im unteren Mittelfeld der Tabelle herum, sodass sich
der ursprünglich erst ab 1. Juli 1999 verpflichtete Rangnick erwei-
chen ließ, vorzeitig einzusteigen.

    „Ich hätte Ulm damals für keinen anderen Verein verlassen", sagte
er mir später. „Hier habe ich selbst gespielt, hier schien mir das ideale
Pflaster, um unsere Vorstellungen umzusetzen." Und ich freute mich
auf diesen Trainer und seine Ideen von modernem Fußball, auf komplette Raumdeckung und Viererkette, auf aggressiven Tempofußball,
auf den Versuch, den Zufall so weit wie möglich aus dem Spiel zu ver-
bannen.

    Nach nur einem Sieg und drei Niederlagen in den ersten vier Par-
tien mit dem Neuen auf der Bank musste der VfB bis zum letzten

Spieltag zittern, ehe er die Saison durch einen 1:0-Erfolg gegen Werder Bremen einigermaßen versöhnlich auf Rang elf abschloss. Rangnicks (nie offen geäußerte) Pläne, am Neckar eine deutsche Spitzenmannschaft zu formen, erhielten schon wenig später einen herben Dämpfer, nein, sie platzten wie Luftballons, „als mir die neue wirtschaftliche Lage des Vereins bewusst wurde". Nachdem der brasilianische Torjäger Giovane Élber schon 1997 beim FC Bayern angeheuert hatte, mussten vor der Saison 1999/2000 mit Nationalstürmer Fredi Bobic (zu Borussia Dortmund) und Abwehrchef Frank Verlaat (Ajax Amsterdam) zwei weitere Hochkaräter aus finanziellen Gründen verkauft werden.

Das Ende aller hochfliegenden Träume – schnell blieb nicht mehr viel übrig von Rangnicks schönen Visionen. Nach einem klassischen Fehlstart mit drei Niederlagen und einem Unentschieden aus den ersten vier Spielen fasste seine Mannschaft langsam Fuß, belegte mit ganz normalem Bundesligafußball zur Halbzeit Platz sechs (mit neun Punkten Rückstand auf Herbstmeister FC Bayern) und landete am Saisonende mit nun schon 25 Punkten weniger als der Meister aus München auf Rang acht. Immerhin gelang es den Schwaben, sich über den UI-Cup für den UEFA-Pokal zu qualifizieren.

Diskussionen und Streitigkeiten zwischen der sportlichen Führung um Rangnick und den Vereinsverantwortlichen um den im Oktober 2000 zum neuen Präsidenten gewählten Manfred Haas zogen sich auch durch die ersten Monate der Saison 2000/01, deren Beginn mit einem 0:4-Debakel im baden-württembergischen Derby beim SC Freiburg einem Albtraum glich. Schwerfällig schleppte sich der VfB von Spiel zu Spiel. Rangnick, der sich überdies kurzzeitig mit dem bulgarischen Mittelfeldstar Krassimir Balakow überwarf, geriet mehr und mehr in die Kritik, und als Michael Preetz im Heimspiel gegen Hertha BSC am 22. Spieltag in der 77. Minute das einzige Tor des Sonntagabends zum 0:1-Endstand köpfte und die Schwaben auf Rang 17 abrutschten, machte sich eine beängstigende Endzeitstimmung breit unter den nur 18.500 Zuschauern im Gottlieb-Daimler-Stadion. Lautstarke „Rangnick raus"-Rufe begleiteten die letzten Minuten der Begegnung.

Der kurz zuvor als neuer Manager verpflichtete Rolf Rüssmann, ein besonnener, charakterstarker (und leider 2009 viel zu früh verstorbener) Mann, und der Trainer führten intensive Gespräche, „und danach", so erzählte mir Rangnick eine Woche später, „war mir klar, dass wir nur dann noch gemeinsam in ein weiteres Heimspiel gehen können, wenn wir sowohl das UEFA-Pokalspiel in Vigo als auch das nächste Bundesligaspiel in Bochum gewinnen".

Ich hoffte dennoch auf eine Dienstreise der ruhigeren Art, als ich mit dem VfB-Tross am Mittwoch, 21. Februar 2001, zum Achtelfinalrückspiel des UEFA-Pokals bei Celta de Vigo flog. Denn Europapokal am Donnerstagabend, das hieß für den *kicker*-Reporter zu Beginn der 2000er Jahre kein aktuelles Arbeiten, kein aufreibender Kampf gegen die Uhr – normalerweise. Doch die Nacht vom 22. auf den 23. Februar 2001 sollte als eine der aufregendsten in mein persönliches Geschichtsbuch eingehen, aufregend im dienstlichen Sinne, versteht sich.

Schon das Spiel selbst hatte es in sich. Bis 300 Sekunden vor dem Abpfiff hielt der VfB das 1:1, das ihm nach dem 0:0 des Hinspiels zum Einzug ins Viertelfinale gereicht hätte. Ein Rechtsschuss des Russen Alexander Mostowoi nach einem, besonders bitter, unberechtigten Freistoßpfiff des italienischen Unparteiischen Pierluigi Collina zerstörte die Hoffnungen der Schwaben auf den großen Coup – und die meinigen, irgendwann im weiteren Wettbewerb an die Anfield Road nach Liverpool reisen zu können.

Bis halb drei Uhr morgens arbeiteten VfB-Profis, -Funktionäre und wir Journalisten die aufwühlenden Ereignisse im Mannschaftshotel in der Innenstadt auf, ehe meine Kollegen und ich müde in unsere nur einen Steinwurf entfernte Unterkunft schlichen. Kaum ins Bett gefallen, war ich auch schon wieder hellwach: Unter der Zimmertür raschelte es. Ich fuhr auf, ging zur Tür und fand dort einen handgeschriebenen Zettel vor. Mein Freund Oliver Schraft, der damalige Pressesprecher und heutige Leiter der Unternehmenskommunikation des VfB, lud für Freitagmorgen, zehn Uhr, zu einer Pressekonferenz. Schlagartig wusste ich: Rangnick hatte seine Rücktrittsankündigung wahrgemacht – oder war vom Präsidium und Rüssmann zum Rückzug „überredet" worden.

Keine zwei Stunden später riss mich das Klingeln meines Mobiltelefons schon wieder aus dem Schlaf. „Stimmt das, Rangnick ist weg?", brüllte mir ein bis zu diesem Anruf mit mir befreundeter Reporter ins Ohr – erst, als er mich im August 2001 vor dem Stuttgarter Auswärtsspiel beim FCN, das der VfB mit 4:2 gewann, zu meinem Lieblingsitaliener Ciao in der Nürnberger Südstadt einlud, ließ ich die Freundschaft wieder aufleben. Vier Stunden später lüftete Rangnick schon im ersten Satz seiner Ausführungen auf der Pressekonferenz das Geheimnis, das keines mehr war.

Geschlafen hatte ich nicht viel mehr als eine Stunde in der zweiten Nacht meiner „ruhigen" Europapokalreise. Entsprechend aufgeweckt und wortgewandt zeigte ich mich in dem Interview, das ich im Anschluss an die Pressekonferenz für einen lokalen galicischen Radiosender auf Spanisch gab. Gut, dass ich es selbst nie hören musste.

CRISTIANO
RONALDO

DAS AUTOGRAMM

Wir trafen uns am Flughafen in Frankfurt, Check-in-Schalter der South African Airways. Rund ein Dreivierteljahr vor Beginn der Weltmeisterschaft brach ich mit fünf anderen deutschen Journalisten zu einer von Johanna Laible, Pressesprecherin des Evangelischen Entwicklungsdienstes EED in Bonn, organisierten und geleiteten Pressereise unter dem Motto „Wer profitiert von der WM 2010" nach Südafrika auf.

Ich kannte das Buch *Long walk to freedom*, die Lebensgeschichte Nelson Mandelas, in der der Friedensnobelpreisträger von 1993 seinen jahrzehntelangen Freiheitskampf gegen soziale Ungerechtigkeit und Rassismus schildert. Auch mit Sean Dundee hatte ich mich während seiner Zeit als Torjäger beim Karlsruher SC und später beim VfB Stuttgart (insgesamt 61 Treffer in 162 Bundesligaspielen zwischen 1995 und 2003) einige Male über sein Heimatland unterhalten. Allein, aus heutiger Sicht wusste ich nichts über den Staat an der Südspitze des afrikanischen Kontinents, als wir am 6. Oktober 2009 um 7.25 Uhr morgens auf dem O. R. Tambo International Airport in Johannesburg landeten.

Zwölf Tage Südafrika. Wir starteten in Johannesburg, fuhren über Rustenburg und Pretoria nach Pietermaritzburg und Durban und flogen schließlich weiter nach Kapstadt. Beginnend mit Soccer City besichtigten wir die zum Teil noch unfertigen Stadien, in denen im Jahr darauf die 19. Weltmeisterschaft, die erste auf afrikanischem Boden, ausgetragen werden sollte, und sprachen mit offiziellen VertreterInnen der Städte und Provinzen über Transport, Sicherheit und soziale Fragen. Andreas Rüttenauer von der Tageszeitung *taz* und ich spielten in Townships Fußball mit und gegen Mannschaften voller topmotivierter junger Männer, die uns beiden sehr schnell und deutlich aufzeigten, dass unsere beste Zeit auf dem Platz lange vorbei war.

Wir lernten Menschen kennen, die wegen des Baus der riesigen neuen Arenen oder aus Furcht, ihre primitiven Behausungen würden den Blick der WM-Touristen stören, zwangsweise umgesiedelt wurden, redeten mit Straßenhändlern, denen die Vertreibung von ihren angestammten Plätzen bevorstand, weil sie im von der FIFA rigoros gezogenen Bannkreis um die Stadien arbeiteten, und erhielten einen Einblick in die Lebens- und Arbeitsbedingungen in den ärmeren und ärmsten Vierteln der WM-Städte.

Viele dieser einzigartigen Erlebnisse und Gespräche werden mir immer in Erinnerung bleiben. Zum Beispiel die gut dreistündige Township-Tour mit dem Fahrrad durch Soweto: Unter der Führung eines durchtrainierten Südafrikaners von Lebo's Backpackers, einer Partnerorganisation von Fair Trade Tourism South Africa, radelten wir durch das berühmt-berüchtigte Township im Südwesten Johannesburgs. Strampelten durch ausgedehnte, müllgesäumte Elendsviertel, vorbei an Dutzenden halbnackter farbiger Kinder, die am Wegrand warteten und uns zuwinkten. Wir zwängten uns hinein in ärmliche enge Blechhütten und tranken süßlich schmeckendes Bier (?) aus großen weißen Plastikeimern. Die an jeder zweiten Ecke für nur 20 Rand angebotene Spezialität Sowetos, gekochtes Fleisch von Kuhköpfen, verschmähten aber nicht nur wir Touristen, sondern auch der in Kapstadt lebende *Zeit*-Korrespondent und Schriftsteller Bartholomäus Grill, der sich uns am zweiten Tag angeschlossen hatte.

Auch den Tag im Ortsteil East Rand von Johannesburg werde ich nicht vergessen. Dort, im Osten des Millionenmolochs, leitete eine Frau namens Antje Manfroni die EED-Partnerorganisation Ekupholeni (auf Deutsch „Ort der Heilung") für traumatisierte und straffällig gewordene Heranwachsende im Township Katorus. Antje, in Deutschlands Osten geboren und mit ihrer Partnerin, der späteren Olympiasiegerin Anett Schuck, 1992 Weltmeisterin im Kanumarathon, war irgendwann nach der Wende nach Südafrika ausgewandert. Während des Tages beeindruckte sie uns durch ihre ungemein positive Einstellung und ihren großen Idealismus – beim Abendessen im Restaurant Gramadoula vor allem durch ihre attraktive Erscheinung.

In den Stunden bei Ekupholeni und auf unseren weiteren Stationen Rorke's Drift bei Pietermaritzburg und im Township Lavender Hill von Kapstadt unterhielten wir uns mit Dutzenden farbiger Jugendlicher über ihre Erwartungen an das Turnier in ihrem Land. Die Antworten glichen sich wie ein Ei dem anderen: Geld für bessere Fußballplätze erhofften sie sich, neue Bälle und Trikots, Fußballschuhe für die Feldspieler und Handschuhe für die Torhüter. Und so gut wie jeder äußerte den gleichen ganz großen Wunsch: „Wir hoffen, dass Cristiano Ronaldo im nächsten Jahr bei uns vorbeischaut."

Cristiano Ronaldo zu Besuch in den Townships der südafrikanischen Städte, während der Jabulani, offizieller Spielball der WM 2010, mit Höchstgeschwindigkeit rollt: Andreas und ich schauten uns jedes Mal wieder wortlos an, amüsiert und berührt zugleich von solch naiv-unverdorbenen Vorstellungen. Die farbigen jungen Südafrikaner vergötterten ihn, den 1985 im Armenviertel Quinta do Falcão von Funchal, der Hauptstadt der Atlantikinsel Madeira, geborenen Cristiano Ronaldo dos Santos Aveiro, der schon als Dreijähriger dem Ball hinterhergejagt war. Sein Vater arbeitete in Funchal als Zeugwart beim Clube de Futebol Andorinha de Santo António, der auch sein erster Verein

CRISTIANO RONALDO

Geboren am 5.2.1985 in Funchal/Portugal

- ♔ 154 Länderspiele, 85 Tore
- ♔ Spielte bei Sporting Lissabon, Manchester United und Real Madrid, spielt bei Juventus Turin
- ♔ Europameister 2016, Vizeeuropameister 2004
- ♔ WM-Vierter 2006
- ♔ FIFA-Klubweltmeister 2008, 2014, 2016, 2017
- ♔ Champions-League-Sieger 2008, 2014, 2016, 2017, 2018
- ♔ Englischer Meister 2007, 2008, 2009
- ♔ Englischer Pokalsieger 2004
- ♔ Spanischer Meister 2012, 2017
- ♔ Spanischer Pokalsieger 2011, 2014
- ♔ Weltfußballer des Jahres 2008, 2013, 2014, 2016, 2017
- ♔ Englands Fußballer des Jahres 2007, 2008

wurde. Schon mit zehn Jahren zog es ihn weiter zu Nacional Funchal, mit zwölf nach Alcochete in die Kaderschmiede des portugiesischen Hauptstadtklubs Sporting Lissabon.

Mit herausragenden Vorstellungen bei der U-17-Europameisterschaft 2002 in Dänemark erregte Ronaldo das Interesse von Spitzenklubs in ganz Europa. 2003 wechselte er für 17,5 Millionen Euro zu Manchester United, wo er die Nachfolge David Beckhams antrat und in das legendäre Trikot mit der Nummer 7 hineinschlüpfte, das einst die großen Vereinsidole George Best, Bryan Robson, Eric Cantona und eben Beckham getragen hatten. CR7 war geboren.

Sechs erfolgreiche Jahre in Manchester mit drei Meistertiteln in Folge, dem Gewinn der Champions League 2008 – im Finale gegen Michael Ballacks Chelsea köpfte er das Führungstor, vergab jedoch im Elfmeterschießen seinen Strafstoß – und seine Wahl zum Weltfußballer im selben Jahr ließen den ungemein torgefährlichen Flügelstürmer zu einem der zwei größten Stars seines Sports aufsteigen. Wenige Monate vor unserer Reise ans Kap, im Sommer 2009, war Ronaldo seinem größten Kontrahenten, Barcelonas Argentinier Lionel Messi, dann ganz dicht auf die Pelle gerückt, indem er bei Real Madrid anheuerte. Die damalige Rekordablöse von 94 Millionen Euro sprengte nicht nur die Vorstellungskraft der Menschen in den Townships.

Apropos Townships. Nach zwölf unvergesslichen, ereignisreichen Tagen flogen wir am 16. Oktober von Kapstadt aus zurück nach Deutschland. In den Tagen nach meiner Rückkehr ging ich auf Tour, besorgte über den Handschuhspezialisten Christoph Nowak, der mittlerweile seine eigene Torwartmarke „Pope's" ins Leben gerufen hat, einige Paar Torhüterhandschuhe, über adidas neue Fußbälle und Trikots und schickte dann ein großes Paket nach Johannesburg. Es kam ungeöffnet an – alles andere als die Regel, wie mir Antje zu meinem Erstaunen erzählte; ihre Schützlinge hätten sich unglaublich gefreut.

Die paar Millionen für bessere Plätze konnte ich auf die Schnelle nicht auftreiben, fehlte nur noch Cristiano Ronaldo. Der fand während der WM im Jahr darauf überraschenderweise keine Zeit für einen Besuch bei Ekupholeni oder einen Abstecher nach Rorke's Drift und Lavender Hill.

Ich dagegen hatte das Glück, ihn live im Stadion sehen zu können. Während der vier Turnierwochen wohnte ich in Bluewater Bay, das im abkürzungswütigen Südafrika nur BB hieß, an der Südostküste;

John und Margaret Loughead, ein englisches Ehepaar, das im nahen VW-Werk in Uitenhage arbeitete, hatten das untere Stockwerk ihres nur einen Steinwurf vom Indischen Ozean gelegenen Hauses für mich freigeräumt. Im Nelson-Mandela-Bay-Stadion des 20 Kilometer entfernten Port Elizabeth (PE, Sie haben's erraten) trugen die Portugiesen ihr erstes Gruppenspiel gegen die Elfenbeinküste aus. Die Partie endete nach beiderseits enttäuschenden Leistungen 0:0, ebenso enttäuschend verliefen die Minuten nach dem Abpfiff für mich. Mein Plan, in der Mixed Zone mit Ronaldo zu sprechen, scheiterte – bis zu seiner Flucht in den Mannschaftsbus ließ sich der Superstar in einer Traube von Reportern nur erahnen.

Eine zweite Gelegenheit ergab sich nicht. Nach einem 7:0 gegen Nordkorea in Kapstadt – Ronaldo erzielte den sechsten Treffer – und einem beachtlichen 0:0 gegen Brasilien in Durban strichen die Portugiesen im Achtelfinale erneut in Kapstadt mit 0:1 gegen den späteren Weltmeister Spanien die Segel.

Im Vereinstrikot aber reihte CR7 weiter Erfolg an Erfolg. Sensationelle 146 Tore gelangen ihm in seinen ersten drei Jahren und 144 Pflichtspielen für Real, allein 112-mal traf er in 101 Begegnungen in der Primera División. Als frischgebackener spanischer Meister reiste er 2012 zur Europameisterschaft in Polen und der Ukraine, wo ich ihn wiedertraf.

Wie schon bei der Weltmeisterschaft in Südafrika zwei Jahre zuvor reisten wir kicker-Reporter 2012 nicht quer durchs Land, sondern hatten einen festen Wohnsitz. Ich berichtete aus Charkiw; in der zweitgrößten Stadt des Landes, im Nordosten der Ukraine unweit der Grenze zu Russland gelegen, bestritten die Niederländer alle drei Spiele ihrer Vorrundengruppe B. Nach einem 0:1 gegen Dänemark zum Auftakt und einem 1:2 gegen die deutsche Mannschaft stand die Oranje vor dem letzten Spiel gegen Portugal gewaltig unter Druck – genau wie Cristiano Ronaldo auf der Gegenseite.

„Ich bin bereit, der Star dieser EM zu werden", hatte der Kapitän der Portugiesen vor Turnierbeginn erklärt, in den ersten beiden Begegnungen jedoch – freundlich ausgedrückt – nicht überzeugen können. Gegen Deutschland (0:1) und Dänemark (3:2) war CR7 ohne Torerfolg geblieben, gegen die Dänen hatte er drei hundertprozentige Chancen kläglich versiebt. Schon schrieben die Zeitungen seines Heimatlandes mehr über seine häufig wechselnden Frisuren als über seine sportlichen Darbietungen in der fernen Ukraine.

Im Gruppenfinale am Sonntag, dem 17. Juni, kam es zu einer Neuauflage des WM-Achtelfinales von 2006. Damals hatte Portugal die
„Schlacht von Nürnberg", eine knüppelharte Partie mit vier Gelb-Roten
Karten, zwei auf jeder Seite, und weiteren acht Gelben durch ein Tor
von Maniche in der 23. Minute mit 1:0 gewonnen. Der junge Ronaldo
war nach einem Foul von Khalid Boulahrouz schon in der 34. Minute
wegen einer Oberschenkelverletzung ausgewechselt worden.

Sechs Jahre später im Metalist-Stadion von Charkiw drückte er
nun, mittlerweile zum Weltstar aufgestiegen, dem Spiel seinen unver-
wechselbaren Stempel auf. Schon nach wenigen Minuten hatte er Pech
mit einem Pfostenschuss, kurz darauf scheiterte er mit einem schönen
Kopfball an Torhüter Maarten Stekelenburg. In der 28. Minute aber
markierte er nach Rafael van der Vaarts Führungstreffer aus der elften
Minute mit einem Rechtsschuss den 1:1-Ausgleich. Eine Viertelstunde
vor dem Abpfiff war es dann erneut Ronaldo, der nach einem 50-Meter-
Sprint in aller Ruhe einen Pass von Mittelfeldspieler Nani annahm, Verteidiger Gregory van der Wiel aussteigen ließ und den Ball zum 2:1-End-
stand ins Netz drosch.

Nach 90 Minuten hatte er zwölf Torschüsse abgegeben, 10,14 Kilometer abgespult, mit seinen Länderspieltoren Nummer 33 und 34
den großen Luís Figo überholt und somit nur noch Eusébio (41) und
Pauleta (47) vor sich – mittlerweile hat er, Stand 31. Dezember 2018,
mit unglaublichen 85 Treffern auch diese beiden meilenweit hinter
sich gelassen. In der Mixed Zone hoben die portugiesischen Spieler
den nach den schwachen Auftritten in den ersten beiden Begegnungen ausgesprochenen Medienboykott auf. Ronaldo redete mit einer
Gruppe portugiesischer Kollegen, dann schlenderte er weiter, ich
sprach ihn an. „Hi Cristiano", sagte ich auf Englisch, „ich bin vom
kicker in Deutschland." Während einen Meter von uns entfernt Ronaldos Kollege Raúl Meireles ankündigte, im Falle eines portugiesischen
Triumphs bei dieser EM seinen zahllosen Tattoos ein weiteres hinzu-
zufügen, sagte Ronaldo zu mir, er kenne den *kicker*, „das ist eine sehr
interessante Zeitschrift".

„Sehr interessant?" Ich fragte nach, ob er da nicht etwas durchei-
nanderbringe – Ronaldo lachte über den Gag –, danach unterhielten
wir uns ernsthaft. Über den Sieg gegen die Niederlande („Das ist nicht
mein Erfolg, sondern der Erfolg der Mannschaft. Wir sind als Einheit
aufgetreten, das ist sehr wichtig"), die Aussichten im Viertelfinale vier

„Der *kicker* ist eine sehr interessante Zeitschrift." Ronaldo – gar nicht so abgehoben, wie immer behauptet.

Tage später gegen Tschechien („Das Wichtigste ist der Ehrgeiz, den wir entwickelt haben, und der gute Teamgeist. Wenn wir so weitermachen, haben wir auch gegen die Tschechen gute Chancen") und schließlich ihn selbst. Natürlich, räumte er ein, treibe ihn die Jagd nach Titeln und Rekorden ganz persönlich an, „aber darum geht es in diesem Turnier nicht. Wir wollen als Mannschaft so weit wie möglich kommen".

Ronaldo wirkte locker und entspannt, er redete mit ruhiger Stimme und zeigte keinerlei Stargehabe. Ich erinnerte mich an ein Telefonat mit meiner jüngeren Tochter Alexandra am Morgen und ihre Aussage, CR7 lege sicher mehr Wert auf sein Äußeres als fränkische Männer – die Suchmaschine Google liefert bei der Kombination „Ronaldo eitel" mehr als 35.000 Ergebnisse. Auch wirkten die Rituale vor der Ausführung seiner Freistöße bisweilen affig, „aber ich mag ihn, ich bin sicher, dass er einen guten Charakter hat".

Ich selbst hatte die letzten Vorbehalte gegen ihn schon rund zwei Jahre zuvor über Bord geworfen, als ich die ersten Interviews mit den (damals noch) deutschen Nationalspielern Mesut Özil und Sami Khedira nach ihrem Wechsel zu Real Madrid im Sommer 2010 las. Die Person, die ihnen am meisten geholfen habe, sich in der fremden Umgebung, im neuen Verein zurechtzufinden, sei Ronaldo gewesen, erklärten beide unisono und verwiesen auch auf sein vielfältiges soziales Engagement, nicht nur in seiner Heimatstadt Funchal.

Der Mann aus Madeira („Man hat viele Lügen über mich verbreitet. Das ist der Preis des Ruhms") bestätigte dieses positive Bild an jenem Abend in Charkiw eindrucksvoll, erst recht, als er mir nach unserem Interview noch einen Wunsch erfüllte: Zum ersten und einzigen Mal in meinem Reporterleben bat ich einen Spieler in der Mixed Zone um ein Autogramm.

Prompt hielt er eine Karte mit seinem Foto und seiner Unterschrift in der Hand. „Kannst du bitte noch ‚Für Ekupholeni' dazuschreiben?", sagte ich und reichte ihm einen Filzstift. „Für wen?", fragte er zurück. Ich buchstabierte den Namen, er kritzelte ihn auf die Karte. „Danke", sagte ich und wünschte ihm noch viel Glück für den weiteren Turnierverlauf. Ronaldo bedankte sich ebenfalls – wofür eigentlich? –, verabschiedete sich lächelnd und schritt von dannen.

Am nächsten Morgen trennten sich unsere Wege endgültig. CR7 reiste weiter nach Warschau, wo er mit seiner Mannschaft am 21. Juni zum Viertelfinale gegen Tschechien antrat; auch diese Partie entschied er mit einem kraftvollen Kopfballaufsetzer in der 79. Minute. Die Portugiesen standen im Halbfinale gegen Weltmeister Spanien, wo sie in einer hart umkämpften Partie mit neun Gelben Karten nach einem 0:0 nach Verlängerung im Elfmeterschießen mit 2:4 unterlagen. Der als fünfter Schütze vorgesehene Ronaldo durfte seinen Strafstoß nach den Fehlschüssen seiner Mannschaftskollegen João Moutinho und Bruno Alves nicht mehr ausführen.

Ich selbst flog nach Hause. Gleich am Tag nach meiner Rückkehr steckte ich Ronaldos Autogrammkarte in einen gepolsterten Umschlag, schrieb ein paar Zeilen dazu und schickte das Briefchen zu Ekupholeni nach Johannesburg.

So weit, so schön. Nur der Schluss passt irgendwie nicht zu der Geschichte: Das Autogramm ist nie angekommen. Irgendjemand muss es auf dem langen Weg von Nürnberg ins Township Katorus abgefangen haben.

ZINÉDINE
ZIDANE
GELBES GESICHT, KAHLER KOPF

Lassen Sie es mich so sagen: Ich bin kein großer Handwerker. Wenn ich die Menge aller Männer in Deutschland betrachte, würde ich mich mit meinen Fertigkeiten irgendwo hinten im vierten Fünftel einstufen (ganz vorne im ersten Fünftel übrigens in der Menge aller männlichen Sportjournalisten). Dies, obwohl ich als Kind gerne gebaut habe. Stundenlang konnte ich mich mit meinen Legosteinen beschäftigen; am liebsten habe ich hohe Türme errichtet oder ein Mikrofon gebastelt und als Radioreporter Bundesligaspiele des 1. FC Nürnberg kommentiert. In meinen Übertragungen hat der FCN jedes Spiel gewonnen – so ähnlich wie im richtigen Fußball ...

Mit den Jahren ließ mein Interesse an den bunten Kunststoffklötzchen naturgemäß nach, und als mich meine kleine Tochter Kristina Ende der 1980er Jahre regelmäßig morgens um fünf mit den Worten „Papa, bauen" aus dem Schlaf holte, hätte ich jeden ihrer tausend Lego- und Duplosteine am liebsten in ebenso viele Stücke zerhackt. Dies sollte sich ein Jahrzehnt später wieder ändern – dank des größten Fußballstars der späten 1990er Jahre.

Erstmals begegnet sind wir uns am 28. Januar 1998, als ich für den *kicker* das Länderspiel Frankreich gegen Spanien besuchte, eine Partie, mit der das für stolze 850 Millionen Mark erbaute neue Nationalstadion Stade de France im Pariser Vorort Saint-Denis feierlich eingeweiht wurde. Den ersten Treffer – zugleich das goldene Tor des Premierenspiels – in der futuristisch anmutenden Arena mit frei hängendem Dach und ausfahrbaren Tribünen erzielte ein in der Satellitensiedlung La Castellane im Norden der südfranzösischen Hafenstadt Marseille aufgewachsener Sohn algerischer Einwanderer: Zinédine Zidane.

Der damals 25-jährige Spielmacher der *Équipe Tricolore*, bei AS Cannes und Girondins Bordeaux groß geworden und nach den verlorenen UEFA-Pokalendspielen gegen Bayern München 1996 zu Juventus

Turin gewechselt, begeisterte mich mit seiner überragenden Technik, einer beeindruckenden Ruhe am Ball und großer Torgefährlichkeit. „Dieser Abend wird mir immer in Erinnerung bleiben", sagte er nach dem Schlusspfiff. Mir auch – es war das Spiel, in dem ich bei arktischen Temperaturen um 20 Grad minus gefroren hatte wie nie zuvor und nie danach in meiner Reporterkarriere.

Wenige Wochen später flatterte eine ungemein attraktive Einladung von Oliver Brüggen, damals PR-Chef Deutschland, heute Direktor PR Market Central beim Sportartikelriesen adidas, auf meinen Schreibtisch in unseren schön geheizten Redaktionsräumen. Zidane hatte sich bei seinem Ausrüster im mittelfränkischen Herzogenaurach angesagt, und adidas bot einer Handvoll Journalisten kurz vor Beginn der Weltmeisterschaft in Frankreich die Möglichkeit zu einem kurzen Exklusivinterview. Ich fuhr also hinaus ins rund 25 Kilometer entfernte Herzogenaurach und konnte dort, nur flankiert von einer Dolmetscherin, mit „Zizou" sprechen, der damals noch volles, wenn auch kurzgeschorenes schwarzes Haar trug.

Ungekünstelt und ohne jede Starallüren erzählte er von sich und seinen Mitspielern. Räumte ein, dass seine Leistungen in der französischen Nationalmannschaft, deren Trikot er sich erstmals im August 1994 im Freundschaftsspiel gegen Tschechien übergestreift hatte – beim 2:2-Unentschieden gelangen ihm auf Anhieb beide Tore –, „noch ein wenig unausgeglichen" seien, „aber dies wird sich ändern". Auch seine Erwartungen an die unmittelbar bevorstehende WM im eigenen Land gab er ohne Umschweife preis: „Wir haben eine sehr gute Mannschaft und können Weltmeister werden."

Zwei Monate später hatten sie es wirklich geschafft. Von der ersten Partie an, die in seiner Heimatstadt Marseille 3:0 gegen Südafrika endete, erwies sich Zidane als herausragender Spieler der WM 1998. Beim 4:0 im zweiten Gruppenspiel gegen Saudi-Arabien verfolgte ich auf der Tribüne des Stade de France, wie er eine Stunde lang begeisternd auftrumpfte, um sich dann in der 70. Minute zu einer Tätlichkeit gegen einen am Boden liegenden Gegenspieler hinreißen zu lassen. Der Mann aus La Castellane wurde für zwei Begegnungen gesperrt, das letzte Vorrundenspiel gegen Dänemark und das Achtelfinale gegen Paraguay bestritten und gewannen die Franzosen ohne ihren genialen Spielmacher. Im Viertelfinale gegen Italien kehrte Zidane zurück und verwandelte im dramatischen Elfmeterschießen den ersten Strafstoß seiner Mannschaft, im Halbfinale gegen Kroatien führte er *Les Bleus* zum 2:1-Erfolg. Im Finale gegen Brasilien am 12. Juli 1998 in Saint-Denis schließlich, im größten Spiel seiner Karriere, stellte er mit zwei Kopfballtreffern in der ersten Halbzeit die Weichen für den 3:0-Sieg der Franzosen, den ersten ihrer zwei Titelgewinne bei Weltmeisterschaften. „Zidane, der Herrscher der Welt", schrieb die Sportzeitung *L'Équipe*.

Knapp zwei Jahre später traf ich ihn wieder. Zunächst rieb ich mir verwundert die Augen, als ausgerechnet Lego im Frühjahr 2000 einige Redakteure europäischer Sportzeitschriften nach Paris einlud. Im Anschreiben aber fand ich die Erklärung: Zidane war von dem dänischen Spielzeughersteller als Werbebotschafter verpflichtet worden. Mit dem Weltmeister als Frontmann ihrer Kampagne hatte die Firma das Spiel *Lego Football* entwickelt und eine „Shoot 'n' Score"-Edition produziert, ein 22-teiliges Set mit einem Männchen mit gelbem Gesicht und einem französischen Nationaltrikot mit der Nummer 10 auf Brust und Rücken als Hauptfigur.

An einem Donnerstagmorgen flog ich von Nürnberg nach Paris; am Flughafen Charles de Gaulle setzte ich mich in ein Taxi und ließ mich wieder einmal ins Stade de France kutschieren. Nach einer angenehm kurzen Präsentation des neuen Tischfußballspiels konnte ich an der Stätte seines größten Triumphs, erneut nur von einer Dolmetscherin begleitet, zum zweiten Mal allein mit Zidane reden.

Wir sprachen über meine virtuosen Türmchen- und Mikrofonbauten als Kind, über Spielzeug im Allgemeinen und seine (damals noch) zwei Söhne Enzo und Luca. „Ich habe keine anderen Hobbys als meine Kinder", sagte er. Und plötzlich musste ich mich beeilen, um auch noch eine Handvoll Fragen über Fußball stellen zu können. Er werde nie satt sein, betonte der Franzose, der nach der WM zum Weltfußballer des Jahres 1998 gewählt worden war: „Ich möchte immer wieder spielen, und solange ich Fußball spiele, werde ich gewinnen wollen." Bei der Europameisterschaft 2000 in Belgien und den Niederlanden werde die *Équipe Tricolore* beweisen, „dass unser WM-Titel kein Zufall war, und es wäre natürlich toll, wenn wir auch den EM-Titel gewinnen könnten".

Es klopfte an der Tür des Interviewraums, längst wartete draußen der nächste Reporter. Ich wünschte Zidane noch „bonne chance", viel Glück für die anstehende Europameisterschaft, er bedankte sich und verabschiedete mich mit einem kräftigen Händedruck. Mit einem Bausatz des „Shoot 'n' Score" in der Reisetasche flog ich noch am selben Abend wieder nach Hause.

Zidanes weitere sportliche Laufbahn verfolgte ich von da an mit größtem Interesse: den Triumph bei der EM 2000 durch das Golden Goal des David Trezeguet in der Verlängerung des Endspiels gegen Italien, seinen spektakulären Siegtreffer zum 2:1 für Real Madrid im Champions-League-Finale 2002 gegen Bayer Leverkusen, die bitteren Enttäuschungen, die die WM 2002 (Aus schon in der Vorrunde nach Niederlagen gegen den Senegal und Dänemark sowie einem 0:0 gegen Uruguay) und die EM 2004 (0:1-Niederlage im Viertelfinale gegen Griechenland) für die französischen Titelverteidiger und ihn persönlich bereithielten.

Und dann, natürlich, war da noch das unvergessliche Endspiel der Weltmeisterschaft 2006 in Deutschland. Nach einem Stotterstart mit zwei mageren Unentschieden gegen die Schweiz (0:0) und Südkorea (1:1) waren die Franzosen durch ein 2:0 gegen Togo ins Achtelfinale vorgedrungen und hatten dann durch Siege gegen Spanien (3:1, Zidane steuerte in der Nachspielzeit das dritte Tor bei), Titelverteidiger Brasilien (1:0) und Portugal (ebenfalls 1:0 durch einen von Zidane verwandelten Foulelfmeter) das Endspiel gegen Italien erreicht.

In der Neuauflage des EM-Finales von 2000 brachte „Zizou" seine Mannschaft am Abend des 9. Juli 2006 im Berliner Olympiastadion bereits in der siebten Minute mit einem aufreizend lässig gelupften Strafstoß, der von der Unterkante der Latte knapp hinter die Torlinie sprang, in Führung. Marco Materazzi, der den Elfmeter durch einen leichten Kontakt mit Florent Malouda verursacht hatte, köpfte nur zwölf Minuten später den Ausgleich und spielte gemeinsam mit Zidane auch die Hauptrolle in der legendären 110. Minute: Nach einer wuchtigen Attacke mit seinem mittlerweile kahlen Kopf gegen die Brust Materazzis handelte sich Zidane, nach gezielten verbalen Provokationen des Italieners wieder einmal vom Jähzorn gepackt, im letzten Spiel seiner Profikarriere den zwölften (!) Platzverweis ein.

Der berühmteste Kopfstoß der Fußballgeschichte wurde sechs Jahre später auf der Piazza Beaubourg vor dem Centre Pompidou in Paris von dem algerischen Künstler Adel Abdessemed in der fünf Meter hohen, heftig umstrittenen und 2013 an das Emirat Katar verkauften Bronzeplastik *Coup de tête* nachgestellt. Und mittlerweile, wie auf YouTube schön zu sehen, viele weitere Male von Menschen in aller Welt – mit den Lego-Männchen der Zidane-Edition. Nur vermutlich nicht morgens um fünf.

Als Skulptur verewigt: Zidanes berühmter
Kopfstoß gegen Materazzi im WM-Finale 2006.

DER
AUTOR

Harald Kaiser, geboren 1957 in der fränkischen Metropole Nürnberg, deren berühmtester Verein, der Club, sich von 1924 bis 1987 deutscher Fußballrekordmeister nennen durfte. Nach dem Abitur studierte er sieben Semester Englisch, Latein und Geschichte an der Friedrich-Alexander-Universität in Erlangen. 1980 bewarb er sich erfolgreich um ein Volontariat beim *kicker*, für den er in 36 Jahren als Redakteur u. a. von zehn Welt- und Europameisterschaften und insgesamt rund 1.500 Spielen berichtete. Heute arbeitet er als freier Autor und Schriftsteller.